PEDAGOGO ESCOLAR:
as funções supervisora e orientadora

EDITORA
intersaberes

Claudia Mara de Almeida
Kátia Cristina Dambiski Soares

PEDAGOGO ESCOLAR:
as funções supervisora e orientadora

EDITORA intersaberes

Av. Vicente Machado, 317 . 14º andar
Centro . CEP 80420-010 . Curitiba . PR . Brasil
Fone: (41) 2103-7306
www.editoraintersaberes.com.br
editora@editoraintersaberes.com.br

Conselho editorial
Dr. Ivo José Both (presidente)
Drª. Elena Godoy
Dr. Nelson Luís Dias
Dr. Ulf Gregor Baranow

Editor-chefe
Lindsay Azambuja

Editor-assistente
Ariadne Nunes Wenger

Editor de arte
Raphael Bernadelli

Análise de informação
Adriane Beirauti

Revisão de texto
Keila Nunes Moreira

Capa e ilustrações
Roberto Querido

Projeto gráfico
Bruno Palma e Silva

Dados Internacionais de Catalogação na Publicação (CIP)
(Câmara Brasileira do Livro, SP, Brasil)

Almeida, Claudia Mara de
    Pedagogo escolar: as funções supervisora e orientadora / Claudia Mara de Almeida, Kátia Cristina Dambiski Soares. – Curitiba: InterSaberes, 2012.

    Bibliografia.
    ISBN 978-85-8212-468-0

    1. Educação. 2. Escolas - Organização e administração 3. Pedagogia 4. Pedagogos - Formação profissional I. Soares, Kátia Cristina Dambiski II. Título.

12-09466   CDD 370

Índice para catálogo sistemático:
1. Pedagogo escolar: Pedagogia: Educação 370

Informamos que é de inteira responsabilidade das autoras a emissão de conceitos.

Nenhuma parte desta publicação poderá ser reproduzida por qualquer meio ou forma sem a prévia autorização da Editora InterSaberes.

A violação dos direitos autorais é crime estabelecido na Lei nº 9.610/1998 e punido pelo art. 184 do Código Penal.

1ª edição, 2012
Foi feito o depósito legal.

SUMÁRIO

Apresentação, 7

Introdução, 11

UM   Um pouco de história e contextualização: origens da supervisão e da orientação escolar, 13

DOIS   O pedagogo na atualidade: a busca da articulação entre as funções supervisora e orientadora, 37

TRÊS   A função supervisora do pedagogo escolar, 57

QUATRO   A função orientadora do pedagogo escolar, 83

Considerações finais, 111
Referências, 119
Bibliografia comentada, 123
Gabarito, 127
Anexos, 131
Nota sobre as autoras, 155

APRESENTAÇÃO

Este livro tem por tema o trabalho desenvolvido pelo pedagogo no interior da escola. Procura apresentar alguns elementos que possibilitem entender como a profissão de "pedagogo escolar" se constitui historicamente e, principalmente, caracteriza as ações pertinentes a esse profissional diante dos desafios da organização escolar na atualidade.

Na discussão que propomos a respeito do trabalho do pedagogo, tomamos como base para as ideias apresentadas os seguintes pressupostos:

- No contexto complexo e contraditório da sociedade capitalista, a escola é uma instituição que pode desempenhar, embora sob determinados limites, um papel fundamental no processo de democratização do conhecimento.
- A efetivação com qualidade do processo ensino-aprendizagem exige da escola uma organização baseada nos princípios da gestão democrática.
- O pedagogo é o profissional formado no curso de graduação em Pedagogia e, portanto, deveria ter, na base da sua formação teórico-epistemológica, as discussões sobre os elementos constitutivos da organização escolar.
- Quando nos referimos, ao longo deste livro, à função supervisora/orientadora do pedagogo escolar, estamos nos remetendo ao papel que esse profissional desempenha no cargo que ocupa, ou seja, o que cabe a ele, de forma específica, no que diz respeito ao processo de ensino-aprendizagem. Já quando tratamos sobre a ação supervisora e orientadora do pedagogo escolar, estamos nos referindo ao agir, à sua atuação, às atividades por ele desenvolvidas, enfim, à própria forma de organização dos diferentes espaços e momentos em que a ação pedagógica ocorre.
- O projeto político-pedagógico é o eixo articulador da organização do trabalho pedagógico desenvolvido na instituição de ensino. É, pois, o centro unificador da ação supervisora e orientadora do pedagogo.

A partir desses pressupostos, propomos uma discussão sobre o trabalho do pedagogo escolar em quatro capítulos.

O primeiro capítulo inicia a discussão a respeito do trabalho do pedagogo no interior da escola. Apresenta, ainda que sumariamente, o histórico das funções supervisora e orientadora do pedagogo escolar, buscando relacioná-las ao contexto mais amplo da sociedade capitalista. Essa retomada se faz necessária, uma vez que entendemos não ser possível compreender nenhum dado da realidade desvinculado de seus intervenientes históricos, políticos, econômicos e sociais. Assim, a compreensão desse aspecto histórico se torna fundamental para o entendimento das características que marcam, de certa forma, a profissão do pedagogo até os dias atuais.

Na mesma direção do primeiro, o segundo capítulo do livro trata sobre o papel do pedagogo na atualidade, mais especificamente a partir da década de 1980, discutindo de forma breve como esse profissional, que teve a origem de seu trabalho marcada pela função de "controle", passou gradativamente a ser considerado o responsável pela articulação do trabalho pedagógico desenvolvido na escola. Para tanto, consideramos o contexto histórico-político mais recente, as determinações legais e as contribuições teóricas que apontam tendências nessa área. Ainda neste capítulo, procuramos indicar que o projeto político-pedagógico, sendo o eixo articulador da organização do trabalho na instituição de ensino, é o centro que unifica a ação supervisora e orientadora do pedagogo.

No terceiro e no quarto capítulos apresentamos algumas proposições, ou, quem sabe, até "provocações", sobre as ações pertinentes ao trabalho do pedagogo escolar, as quais consideramos essenciais e fundamentais para a efetivação de um processo de ensino-aprendizagem que se constitua na direção da garantia da democratização do conhecimento e da realização da função da escola.

O terceiro capítulo discute os aspectos relacionados à atuação do pedagogo escolar no que diz respeito à sua função supervisora, entendendo que essa função está vinculada mais diretamente ao trabalho dos professores da instituição escolar.

No capítulo quatro, a função orientadora do pedagogo escolar é discutida a partir do entendimento de que tem como referência a relação professor-aluno no processo de transmissão-apropriação dos conteúdos. Reforçamos, no entanto, em cada um desses capítulos, que as especificidades do trabalho pedagógico, em relação ao processo de ensino-aprendizagem, devem ser compreendidas de forma integrada, inter-relacionando as funções supervisora e orientadora do pedagogo escolar na perspectiva da efetivação do projeto político-pedagógico da escola.

As ideias e proposições aqui apresentadas são resultado da busca em fontes teóricas, dos limites e possibilidades vividos em nossa prática profissional como pedagogas em escola pública e, principalmente, da convicção de que, em primeiro lugar, a escola a que nos referimos e para a qual propomos uma determinada ação do pedagogo escolar é parte do contexto mais amplo da sociedade capitalista e, portanto, permeada pelas contradições desse modo de produção da vida humana. A escola, nesse contexto, também é sempre contraditória, no entanto, suas ações podem, de alguma forma, contribuir para o fortalecimento de um projeto contra-hegemônico de sociedade. Principalmente se pensarmos na escola pública, que, na sociedade brasileira, atende a maioria da população.

Pautamo-nos, também, na convicção de que o pedagogo é o profissional que, em função das bases pedagógicas de sua formação, tem o domínio dos elementos necessários para articular, a partir de um trabalho coletivo que envolva toda a comunidade escolar, a organização de um processo de ensino-aprendizagem que se coloque nessa direção (de um projeto contra-hegemônico de sociedade) e, portanto, a favor da democratização do conhecimento e da consequente humanização do homem.

Buscamos, assim, com as ideias apresentadas neste livro, apontar algumas reflexões que possam contribuir para o fortalecimento da formação desse profissional, considerado por nós como essencial para a organização do trabalho pedagógico da escola: o pedagogo escolar.

INTRODUÇÃO

Por *pedagogo escolar* entendemos aquele profissional que, egresso do curso de graduação em Pedagogia, tem como responsabilidade a organização do trabalho pedagógico desenvolvido na instituição escolar. Instituição esta que, na atualidade, caracteriza-se como o espaço formal privilegiado no sentido de possibilitar o acesso aos conhecimentos científicos. Essa apropriação é de fundamental importância para o indivíduo, pois visa contribuir para a compreensão das relações que ocorrem na sociedade em que ele está inserido, possibilitando-lhe atuar de forma crítica em prol da transformação dessa mesma sociedade.

No atual momento histórico – em que a busca pela identidade do pedagogo é um desafio colocado pelas discussões sobre o curso de Pedagogia –, resgatar e enfatizar a importância desse profissional na escola nos proporciona o entendimento de que é indispensável o seu papel como articulador do trabalho educativo desenvolvido na instituição escolar.

Na atualidade, as funções supervisora e orientadora ainda existem materializadas em ações específicas realizadas no dia a dia da escola, tendo como referência o projeto político-pedagógico (doravante PPP). Então, é essencial que essas funções (supervisora e orientadora) se realizem de forma integrada e com ações inter-relacionadas na perspectiva de um pedagogo unitário*.

Se perguntarmos a qualquer pessoa, que frequente ou tenha frequentado a escola, sobre a importância do trabalho do professor ou do diretor no espaço escolar, todos, ou a maioria, teria uma resposta pronta para essas definições. No entanto, se a pergunta se referir ao pedagogo, é muito provável que poucos consigam articular uma resposta com convicção. Isso pode nos levar a pensar que a escola poderia funcionar sem ele. Esse é um fato a ser considerado. No entanto, se partirmos do entendimento de que o pedagogo é o profissional responsável pela organização e articulação do trabalho pedagógico desenvolvido na escola, com a finalidade de garantir que o processo de ensino-aprendizagem se efetive com qualidade, esse fato precisa ser reconsiderado.

Nesse sentido, o trabalho do pedagogo é parte do processo de organização da escola como um todo, em suas finalidades, estratégias, metodologias de ensino, definição de conteúdos, formas e instrumentos de avaliação, organização da gestão escolar, entre outros. É esse profissional o principal responsável pela articulação entre todos esses elementos, buscando a coerência teórico-metodológica entre o trabalho realizado por diferentes professores, em diferentes turmas, turnos e disciplinas.

* Cabe ressaltar que o curso de Pedagogia, na atualidade, forma também, além do pedagogo, o profissional que irá atuar na docência da educação infantil, em séries iniciais do ensino fundamental e em cursos de formação de professores em nível médio.

UM POUCO DE HISTÓRIA E CONTEXTUALIZAÇÃO: ORIGENS DA SUPERVISÃO E DA ORIENTAÇÃO ESCOLAR

UM

Neste capítulo, discutiremos o histórico das funções supervisora e orientadora do pedagogo escolar, relacionando-as ao contexto mais amplo da sociedade capitalista. A compreensão desse aspecto histórico é fundamental para o entendimento das características que marcam, de certa forma, essa profissão até os dias atuais.

Historicamente, o papel do pedagogo escolar foi marcado, em sua formação e atuação, pela fragmentação em diversas habilitações (supervisor, orientador, inspetor, administrador, entre outras)*. Essa

---

* Sobre essa fragmentação, você pode pesquisar no Anexo 1 desta obra.

fragmentação se evidenciava na formação diferenciada dos profissionais em cada uma das habilitações, com um corpo próprio de conteúdos, conhecimentos, atitudes e habilidades. Também era possível visualizar práticas específicas atribuídas a cada especialista no interior das escolas, nas quais, por exemplo, ao supervisor cabia a orientação dos planejamentos e do atendimento aos professores e ao orientador era atribuído o atendimento aos alunos com dificuldades de aprendizagem.

No atual contexto, mais especificamente a partir da reformulação do curso de Pedagogia pelas atuais Diretrizes Curriculares Nacionais (Resolução CNE/CP n. 1, de 15 de maio de 2006)*, não há mais a formação baseada nas habilitações específicas, mas a formação do pedagogo unitário. No entanto, é preciso considerar que hoje a atuação do pedagogo escolar continua tendo por base práticas centradas nas funções supervisora e orientadora, sendo, por essa razão, fundamental entendermos como essas funções se estruturaram a partir de determinados contextos sócio-históricos e políticos.

Nesse sentido, conhecer as origens da supervisão e da orientação educacional é necessário para melhor compreendermos a atuação do pedagogo escolar na atualidade. Para tanto, neste capítulo, partimos da apresentação do sentido etimológico** da palavra *pedagogia* e do papel deste profissional na história da educação, para abordar, na sequencia, as características que marcaram a constituição do supervisor e do orientador escolar.

1.1
O QUE É A PEDAGOGIA?

Saviani, no texto *Sentido da pedagogia e papel do pedagogo*, lembra-nos que a palavra *pedagogia* significa, literalmente, "condução da criança".

---

*   Para ver essa resolução na íntegra, acesse: <http://portal.mec.gov.br/cne/arquivos/pdf/rcp01_06.pdf>.

** Etimológico: estudo da origem e da evolução das palavras (Houaiss; Villar; Franco, 2009, p. 847).

De acordo com o autor, na Grécia antiga, o pedagogo era o escravo que conduzia as crianças até os preceptores que lhes ensinariam os conhecimentos necessários à sua época. No entanto, muitas vezes esses escravos obtidos pelas conquistas bélicas eram mais sábios que os próprios senhores e, por essa razão, com o tempo passaram a ser eles os próprios educadores (foi especialmente o que ocorreu com a conquista da Grécia por Roma). Esse fenômeno refere-se à formação cultural e à própria cultura, ou seja, ao nível cultural que desejavam alcançar os cidadãos da sociedade grega. Assim, na compreensão de Saviani (1985, p. 27),

> *a pedagogia significa também condução à cultura, isto é, processo de formação cultural. E pedagogo é aquele que possibilita o acesso à cultura, organizando o processo de formação cultural. É, pois, aquele que domina as formas, os procedimentos, os métodos através dos quais se chega ao domínio do patrimônio cultural acumulado pela humanidade. E como o homem só se constitui como tal na medida em que se destaca da natureza e ingressa no mundo da cultura, eis como a formação cultural vem a coincidir com a formação humana, convertendo-se o pedagogo, por sua vez, em formador de homens.*

Nesse sentido, a pedagogia constitui-se no ramo da ciência direcionado à compreensão de uma prática social complexa que é a educação. A educação, por sua vez, está relacionada à questão do conhecimento e aos processos de sua produção e socialização no decorrer da história humana. Nesse contexto, a educação não é algo perene, imutável ao longo da história; é uma prática social complexa que se confunde com as origens do próprio homem e diz respeito à transmissão de conhecimentos de geração a geração. O trabalho pedagógico, por sua vez, constitui-se em um conjunto de práticas sociais intencionalmente sistematizadas de formação humana, que ocorre nas relações sociais de acordo com cada fase específica de desenvolvimento das forças produtivas numa determinada sociedade:

> Podemos, pois, dizer que a natureza humana não é dada ao homem, mas é por ele próprio produzida sobre a base da natureza biofísica. Consequentemente, o trabalho educativo é o ato de produzir, direta e intencionalmente, em cada indivíduo singular, a humanidade que é produzida histórica e coletivamente pelo conjunto dos homens. (Saviani, 1996, p. 146)

A pedagogia, portanto, é a ciência que tem como preocupação a mediação entre o senso comum e o conhecimento elaborado/científico. Ressaltamos, porém, que o conhecimento não é o fim nele mesmo, mas sim o meio para a humanização. Ao pedagogo, em seus diversos campos de atuação (empresas, órgãos públicos, sindicatos, escolas, organizações não governamentais – ONGs, movimentos sociais, hospitais etc.), cabe discutir os conhecimentos necessários à formação humana em cada determinado momento histórico, bem como as formas metodológicas para a sua socialização. Ou seja, ele se preocupa com as relações indissociáveis – conteúdo/forma, conhecimento/metodologia –, as quais estão sempre presentes no processo de ensino-aprendizagem e são indispensáveis para a sua efetivação.

O pedagogo escolar, de forma específica, é o profissional que irá atuar nas escolas em seus diversos níveis de ensino (na educação básica* ou no ensino superior), desenvolvendo ações relacionadas à supervisão e à orientação educacional. Para Saviani (1985, p. 28):

> O pedagogo escolar é aquele que domina sistemática e intencionalmente as formas de organização do processo de formação cultural que se dá no interior das

---

* De acordo com a atual legislação educacional, a Lei de Diretrizes e Bases da Educação Brasileira (LDBEN) nº 9.394/1996, a educação básica é composta por educação infantil, ensino fundamental e ensino médio, sendo que destes, apenas o ensino fundamental (nove anos de escolaridade) constitui-se em oferta obrigatória pelo Estado. Para ver essa lei na íntegra, acesse: <http://www.planalto.gov.br/ccivil_03/Leis/L9394.htm>.

escolas. Mas, o que é específico da formação cultural de tipo escolar? Entendo que a formação cultural de tipo escolar está ligada ao problema do acesso à cultura erudita (letrada). Ora, a cultura letrada, que constitui um complexo de conhecimentos sistematizados, não é acessível por vias assistemáticas, espontâneas. Daí a necessidade de um espaço organizado de forma sistemática com o objetivo de possibilitar o acesso à cultura erudita. Este espaço é constituído pela escola.

Como profissional da educação, o pedagogo deve ter o domínio das formas através das quais o saber sistematizado – a ciência em suas diversas áreas específicas, como a história, a geografia, a matemática, entre outras – "é convertido em saber escolar, tornando-o, pois, transmissível-assimilável na relação professor-aluno" (Saviani, 1985, p. 28).

Para melhor entendermos o que constitui a função supervisora e a função orientadora do pedagogo escolar, é necessário iniciar nossa discussão sobre o assunto buscando conhecer as origens históricas dessas especializações, bem como seus determinantes socioeconômicos e políticos.

1.2
AS ORIGENS DAS FUNÇÕES SUPERVISORA E ORIENTADORA NO CONTEXTO DA SOCIEDADE CAPITALISTA

Para que seja possível compreender o que caracteriza as funções supervisora e orientadora no campo educacional, primeiramente vamos buscar compreendê-las no campo mais amplo do trabalho em geral e nas formas como esse trabalho se desenvolveu e se desenvolve sob o contexto da sociedade capitalista.

Os seres humanos produzem e reproduzem constantemente sua existência material por meio do trabalho. Para garantir sua sobrevivência e atender suas necessidades – desde as mais elementares, físicas e biológicas, como alimentação, vestuário, saúde, moradia etc., até aquelas mais sofisticadas, relacionadas ao tempo histórico em que se vive, como, na atualidade, o celular, o micro-ondas ou a máquina de lavar roupas –, homens e mulheres se organizam, histórica e coletivamente, estabelecem relações sociais e produzem as bases materiais da vida humana. Ao trabalhar, ou seja, ao agir de forma intencional e consciente sobre a natureza (destacando-se dela) com o propósito de transformá-la para atender suas necessidades, os seres humanos se diferenciam dos animais (que se adaptam e reagem apenas instintivamente ao meio). Nas palavras de Severino (2000, p. 34), "a esfera básica da existência humana é a do trabalho propriamente dito, ou seja, prática que alicerça e conserva a existência material dos homens, já que a vida depende radicalmente dessa troca entre o organismo e a natureza física."

Todavia, o trabalho humano – que envolve sempre teoria e prática, conhecimento e ação, pensar e agir – pode, em situações específicas, apresentar-se cindido nessas suas características essenciais. De acordo com Silva (1987, p. 37-38):

> *Diversamente dos animais, no homem não é inviolável a unidade entre a força motivadora e o trabalho em si mesmo. A unidade entre concepção e execução pode ser dissolvida. A concepção pode, ainda, continuar a governar a execução, mas a ideia concebida por uma pessoa pode ser executada por outra. A força diretora do trabalho continua sendo a consciência humana, mas a unidade entre as duas pode ser rompida no indivíduo e restaurada no grupo, na oficina, na comunidade ou na sociedade como um todo.*

Sob condições sócio-históricas específicas, o trabalho humano pode sofrer a cisão entre a função de pensar, planejar ou decidir e a função de executar, ou seja, entre o trabalho intelectual e o trabalho manual. Isso ocorre de forma peculiar no contexto da sociedade capitalista. Para melhor compreender esse fenômeno, é importante considerarmos seu caráter histórico:

> *Desde a antiguidade, a compra e venda de trabalho existiu, sob diversas formas, até o século XIV; porém não havia uma considerável classe de trabalhadores assalariados na Europa, a qual só se tornou numericamente importante após o advento do capitalismo industrial no século XVIII.*
>
> *Dessa forma explica-se o processo: o trabalhador faz o contrato de trabalho porque as condições sociais não lhe dão outra alternativa para ganhar a vida. O empregador é o possuidor de uma unidade de capital que ele se esforça por ampliar e, para isso, converte parte dele em salários. Assim, põe-se a funcionar o processo de trabalho, o qual, embora seja em geral um processo para criar valores úteis, tornou-se especificamente um processo de expansão do capital para a criação de lucro. A partir daí, torna-se necessário encarar o trabalho de um ponto de vista puramente técnico, ou seja, como simples modo de trabalho. Fez-se necessário, para o capitalista, exercer o «controle» sobre o processo de trabalho, que passou a ser dominado e modelado pela acumulação de capital.* (Silva, 1987, p. 38)

É necessário considerar que formas de controle já existiam mesmo antes do advento da sociedade capitalista, "desde as primeiras formas de aglomeração de pessoas, em guildas[*] e oficinas, às mais diferentes formas rudimentares de produção" (Silva, 1987, p. 40). O trabalho era exercido sob o controle imediato dos produtores, que dominavam o conhecimento tradicional e as especificidades de seus ofícios. Entretanto, na medida em que ocorreu o agrupamento de vários produtores num mesmo local de trabalho, originou-se a gerência, ainda que em forma rudimentar, por meio do trabalho cooperativo e de coordenação. Dentro das oficinas, a gerência primitiva

---

* *Guilda* é uma "associação que agrupava, em certos países da Europa durante a Idade Média, indivíduos com interesses comuns (negociantes, artesãos, artistas) e visava proporcionar assistência e proteção aos seus membros" (Houaiss; Villar; Franco, 2009, p. 1000).

assumiu formas rígidas e despóticas, pois a criação de uma força de trabalho livre exigia métodos coercitivos para habituar empregados às suas tarefas e mantê-los trabalhando durante dias e anos (Silva, 1987, p. 40).

Historicamente, o capitalista – proprietário dos meios de produção e da força de trabalho que compra do trabalhador – empenha-se em exercer o "controle" por meio da "gerência". O "controle", portanto, passa a ser um conceito de fundamental importância nas teorias de administração empresarial. De acordo com Silva (1987, p. 41), "a origem da gerência está no antagonismo entre aqueles que executam o processo e os que se beneficiam dele, entre os que administram e os que executam, a partir das novas relações sociais que agora estruturam o processo produtivo".

Poderíamos dizer que, de certa forma, há, na história da administração escolar, uma transposição dos métodos empresariais para o âmbito educacional, o que exige que compreendamos melhor de que modo as teorias da administração influenciaram e determinaram a organização do trabalho escolar. Entre essas teorias, destacam-se a Escola Clássica de Administração (baseada nas obras de Taylor e Fayol) e a Escola de Relações Humanas (baseada na obra de Elton Mayo). Vejamos alguns aspectos dessas teorias que influenciaram, em sua origem, o papel do supervisor e do orientador nas escolas.

Na área da administração de empresas, a chamada *teoria clássica*, baseada na administração científica conhecida como *taylorismo**, buscou a utilização de métodos científicos para obter um melhor controle do processo produtivo, de modo a garantir a racionalidade com vistas à redução dos custos e ao aumento da produtividade. De acordo com essa compreensão, "passa a ser de competência da gerência o

---

* Taylorismo: sistema de organização do trabalho concebido pelo engenheiro norte-americano Frederick Winslow Taylor (1856-1915), com o qual se pretende alcançar o máximo de produção e rendimento com o mínimo de tempo e de esforço. (Houaiss; Villar; Franco, 2009, p. 1820)

controle do modo concreto de execução de toda a atividade no trabalho, desde a mais simples até a mais complexa, isto é, o controle do trabalho através do controle das decisões que são tomadas no curso do trabalho" (Silva, 1987, p. 43).

Ao se separar, no processo de trabalho, as tarefas de concepção (o pensar/decidir) e as de execução (o fazer/realizar a ação), dividem-se também os lugares e os grupos de cada pessoa nesse processo. Alguns ficam responsáveis por organizar os projetos, planejar e calcular os meios e os custos envolvidos; outros, pela execução, ou seja, pelos "processos físicos da produção" (Silva, 1987, p. 43).

Com base nessa proposta que separa as funções de planejamento e execução no trabalho empresarial ou fabril, surge a função supervisora, que, na escola, caracteriza-se pela divisão de tarefas entre aqueles que definem, acompanham e controlam o processo de ensino (os supervisores) e aqueles que desenvolvem a atividade docente (os professores). Daí a visão, até hoje presente, de que os supervisores são aqueles profissionais que estão no espaço da escola com o objetivo de controlar as ações desenvolvidas pelos professores, ou seja, supervisionar.

Outro enfoque na teoria da administração é o da Escola de Relações Humanas de Elton Mayo (1880-1949). Esse autor buscou elementos que contribuíssem para o aumento da produtividade compreendendo o homem como um "ser" que deve ser considerado participante de um grupo. Assim, seu comportamento não pode ser reduzido a esquemas mecanicistas, mas seria preciso considerar sua necessidade de aprovação social, de prestígio e de realização pessoal. Embora essa teoria enfatize aspectos subjetivos do trabalhador, o princípio da racionalidade econômica continua sendo determinante na maneira como se organiza a divisão técnica do trabalho. Nessa corrente da administração de empresas há a ênfase na motivação do trabalhador para bem executar as tarefas que lhe são solicitadas. Para tanto, surge a preocupação com a necessidade de o indivíduo estar bem adaptado às funções a serem desempenhadas, ganhando importância a figura do psicólogo ou orientador profissional que, como veremos mais adiante, dará origem à necessidade de existir um profissional orientador educacional nas escolas.

Influenciadas por esse contexto mais amplo da sociedade capitalista no curso de Pedagogia no Brasil, as funções supervisora e orientadora do pedagogo escolar surgem como habilitações específicas a partir do Parecer CFE 252/1969*, que reformulou esse curso e criou as chamadas *habilitações técnicas*. De acordo com Silva (1987, p. 13), a primeira característica básica do profissional formado a partir da proposta do Parecer CFE 252/1969 era a de "um profissional em que a técnica prevalecia sobre os conteúdos, os procedimentos, sobre os objetivos e finalidades, portanto, ao aspecto propriamente tecnicista do atual contexto educacional".

Esse parecer foi elaborado, na época, pelo Conselho Federal de Educação, em decorrência da Lei nº 5.540/1968** que regulamentou a reforma universitária no país. Em conjunto com a Resolução nº 02/1969***, ele estabelecia os mínimos de conteúdos e a duração do curso de Pedagogia no Brasil, de acordo com o princípio do "tecnicismo", e regulamentava as chamadas *habilitações técnicas* na profissão do pedagogo. Isso apenas foi alterado, em termos de legislação, nos últimos anos, com as novas Diretrizes Curriculares do curso de Pedagogia instituídas em 2006.

Tendo em vista que tanto a função supervisora, quanto a função orientadora surgiram no contexto mais amplo do processo de industrialização na sociedade capitalista, veremos agora como cada uma delas se constituiu a partir daí, no âmbito escolar.

---

*   Esse parecer, na íntegra, encontra-se no Anexo I desta obra.

**   Para ver essa lei na íntegra, acesse: <http://www.planalto.gov.br/ccivil_03/Leis/L5540.htm>.

***   Essa resolução, na íntegra, encontra-se no Anexo II desta obra.

1.2.1
A SUPERVISÃO ESCOLAR

Como vimos, a supervisão escolar teve sua origem histórica a partir da função supervisora exercida pelo gerente de fábrica sobre os trabalhadores. Portanto, está historicamente relacionada à ideia de garantia de execução de um determinado processo – por exemplo, o processo de produção no âmbito do trabalho de uma fábrica. Nesse caso, está intimamente articulada à necessidade do empregador controlar a eficácia do processo de trabalho por meio da supervisão do desempenho de seus empregados. A supervisão, no contexto da produção fabril, visa garantir, ao fim do processo, o lucro, a ampliação do capital empregado inicialmente na compra dos meios de produção e da força de trabalho, para que seja possível reiniciar o processo continuamente. Silva (1987) relaciona a necessidade própria do capitalismo de exercer a função supervisora do processo de produção realizado na fábrica com a necessidade de responder a um problema de "gerência" ou administração. Nas palavras da autora:

> *A moeda de trabalho tem seu anverso: ao comprar a força de trabalho, ele está, ao mesmo tempo, comprando quantidade e qualidade indeterminadas. O trabalho é infinito em potencial, mas limitado em sua concretização por inúmeros fatores como o estado subjetivo dos trabalhadores, por sua história passada, pelas condições sociais gerais sob as quais trabalham, pelas condições próprias da empresa e condições técnicas de seu trabalho, inclusive pela organização do processo – o que vai exigir **supervisão**. Portanto, torna-se fundamental para o capitalista que o **controle** sobre o processo de trabalho passe para suas mãos. Essa transição apresenta-se como a alienação progressiva dos processos de produção do trabalhador; para o capitalista, apresenta-se como problema de **gerência**.* (Silva, 1987, p. 39, grifo do original)

Ressaltamos que, para a compreensão das origens históricas da função supervisora, é interessante conhecer os princípios da gerência segundo Taylor, pois são esses princípios que, de certa forma, transpostos para o campo escolar, marcam as características da supervisão escolar no período do seu surgimento. De acordo com Silva (1987, p. 43), os três princípios que regem a teoria de Taylor são:

> *1. O administrador [...] assume o cargo de todo o conhecimento tradicional que no passado foi possuído pelos trabalhadores e ainda de classificar, tabular e reduzir esse conhecimento a regras, leis e fórmulas. [...] É o principio de dissociação do processo de trabalho das especialidades dos trabalhadores.*
>
> *2. Todo possível trabalho cerebral deve ser banido da oficina e centrado no departamento de planejamento ou projeto. [...] Esse é o principio de "separação de concepção e execução".*
>
> *3. A noção fundamental de tipos comuns de gerência é a de que cada operário tornou-se mais especializado em seu próprio ofício do que é possível a qualquer um ser na gerência, e que, em consequência, os pormenores de como o trabalho será mais bem feito devem ser deixados a ele. [...] Talvez o mais proeminente elemento isolado na gerência científica moderna seja a noção de tarefa. Esse é o principio da utilização desse monopólio de conhecimento para controlar cada fase do processo de trabalho e seu modo de execução.*

Nesse contexto, justificar-se-ia a supervisão escolar como meio de garantir a execução do que foi planejado. Portanto, considerando a racionalidade econômica que tem caracterizado o modelo desenvolvimentista brasileiro desde 1964* e as reformas educacionais de 1968 e 1971**, é possível concluir que "a supervisão aparece no cenário sociopolítico econômico, historicamente, como função de controle,

---

* Ano em que ocorreu o golpe militar no Brasil e iniciou-se a ditadura do governo de Castelo Branco.

** As reformas educacionais de 1968 e 1971 alteram a LDBEN nº 4.024/1961: em 1968 ocorre a Reforma do Ensino Superior com a Lei nº 5.540/1968 e, em 1971, a Reforma do Ensino de 1º e 2º graus, Lei nº 5.692/1971.

onde a racionalidade é o princípio que fundamenta a filosofia tecnocrática vigente" (Silva, 1987, p. 48).

Aguiar (1991, p. 30) reforça que, nesse período, década de 1960, o Estado brasileiro assume mais claramente a gestão do capital revestindo-se de caráter autoritário e caracterizando-se, fundamentalmente, por sua face coercitiva. Concomitantemente, a violência é utilizada como mecanismo para evitar contestações populares e a burocracia estatal tecnocrática expande suas formas de intervenção, especialmente o planejamento. Segundo a autora,

após 1960, por exigência da própria expansão do capitalismo, não só no Brasil como nos demais países latino-americanos, são criados órgãos de planejamento no âmbito econômico, social e educacional. Aliás, os dispositivos legais e a criação ou expansão dos serviços técnicos no âmbito educacional, instituídos ao longo desse tempo, podem ser entendidos como condições para sedimentação dessa burocracia estatal e emergência do planejamento enquanto instrumento privilegiado de intervenção do Estado na área educacional.
(Aguiar, 1991, p. 30)

Na compreensão de Aguiar (1991), se os supervisores inicialmente tiveram a tarefa de treinamento de professores, constituindo-se em "canais de modernização" da educação – percebida como principal fator de desenvolvimento social –, com o tempo passaram a assumir o caráter de executores de políticas educacionais definidas pelo governo em função de certas prioridades. Nesse sentido, a trajetória histórica da ação supervisora participa de um contexto de correlação de forças sociais no âmbito do Estado e o reflete de tal maneira que essa profissão adquire gradativamente características de controle da execução do que é planejado externamente.

Assim, a profissão do supervisor escolar teve sua gênese marcada pelos princípios da lógica capitalista de organização do processo de produção. A função supervisora respondeu, inicialmente, às demandas de um período histórico determinado, de ascensão e desenvolvimento industrial no Brasil. Nesse período, a supervisão pautava-se na necessidade de controlar o processo de trabalho por meio da separação entre as tarefas de concepção e de execução, visando reduzir ao máximo os custos e ampliar a produtividade. De certa forma, isso foi transposto para a instituição escolar.

Veremos, a seguir, de que forma se deu essa transposição dos princípios da administração empresarial para a prática profissional do pedagogo supervisor escolar.

Na escola, o profissional de supervisão escolar, em sua origem, exercia a função de controle sobre o trabalho executado pelo professor, ou seja, cabia ao supervisor, como a própria denominação sugere, "supervisionar o trabalho docente". O supervisor escolar era aquele profissional responsável por visitar os livros de chamada/frequência dos alunos de cada série, turma e área do conhecimento; tinha a responsabilidade de "cobrar" os planejamentos dos professores, verificando, além da sua elaboração, o processo de sua execução dentro das normas preestabelecidas; também cabia a ele analisar os resultados alcançados no processo de ensino-aprendizagem, considerando as metas previamente definidas e propondo modificações necessárias. Embora algumas dessas funções ainda sejam tarefas na atualidade do supervisor escolar, na época, o que determinava a sua realização era a hierarquia, na qual o supervisor predominava sobre o professor. De modo geral, as características que marcavam a ação supervisora tinham como base a tarefa de tomar as decisões e controlar o processo de ensino-aprendizagem, enquanto o professor era visto como responsável pelas tarefas de execução. Cinde-se, dessa forma, no interior do processo de trabalho escolar, o que é inseparável no âmbito da prática: o pensar e o fazer.

1.2.2
A ORIENTAÇÃO EDUCACIONAL

Para compreender as origens da orientação educacional, podemos nos reportar ao trabalho desenvolvido por Selma Garrido Pimenta, em seu livro *O pedagogo na escola pública*, a qual, ao fazer uma análise do papel do orientador educacional na atualidade, resgata o processo histórico da constituição desse profissional da educação.

Já afirmamos que, assim como na supervisão escolar, a origem da orientação educacional coincide com o desenvolvimento da sociedade capitalista de classes sociais, que, entre outras coisas, coloca a orientação educacional como um mecanismo de ajustamento dos indivíduos às necessidades da ordem social.

Mas, exatamente, de que forma isso aconteceu?

A divisão entre trabalho manual e trabalho intelectual, como uma das características marcantes dessa fase do capitalismo, gerou a necessidade de selecionar as pessoas para o mercado de trabalho conforme as capacidades requeridas para o adequado desempenho das funções. É exatamente nesse contexto que, em torno de 1930, nos EUA, surgiu a figura do orientador profissional.

A atividade de orientação profissional, de acordo com Pimenta (1995), desenvolveu-se baseada nas formulações da psicologia científica, denominada *psicologia diferencial*, responsável pela criação dos testes de inteligência e realizada em escritórios próprios com base no princípio que fundamentava a divisão do trabalho a partir do século XVIII: "todos os homens são iguais quanto aos valores essenciais, mas diferem grandemente nas suas características individuais." Dessa forma, "a orientação profissional torna-se uma maneira de persuasão psicológica, à medida que, realizada principalmente por instituições exteriores à empresa, convence os indivíduos de que obter ou não um emprego depende das capacidades de cada um" (Pimenta, 1995, p. 20).

Com a intenção de realizar uma capacitação profissional, desenvolver hábitos, atitudes e conhecimentos para o ajustamento às funções produtivas, "a orientação profissional realizada fora da escola passa a ser solicitada a atuar no interior desta, como forma de orientar os alunos nos planos de estudo e carreira conforme aptidões de cada um. Esta orientação receberá o nome de escolar" (Pimenta, 1995, p. 21).

No Brasil, a referência explícita à orientação educacional e profissional foi feita pela primeira vez nas Leis Orgânicas de 1942 e 1946. Nestas, o ensino médio foi dividido entre formação profissionalizante e formação secundária, sendo que a orientação educacional se desenvolveu, prioritariamente, na escola média secundária,

> *que tinha por finalidade, entre outras, "a formação integral da personalidade do adolescente" e "dar preparação intelectual geral que possa servir de base a estudos mais elevados de formação especial". A orientação profissional se desenvolveu no ensino médio profissionalizante, principalmente no industrial, que cumpria a função de formar a mão de obra industrial.* (Pimenta, 1995, p. 23)

Como nesse período mais da metade das escolas secundárias eram dirigidas por entidades religiosas, foi nas escolas particulares, em especial nas católicas, que a orientação educacional mais se desenvolveu.

No período de 1945 a 1960, a orientação educacional recebeu diferentes incentivos. A implantação nos sistemas públicos acontece a partir da década de 1950 em São Paulo e no Rio de Janeiro, mas sua ampliação só acontece a partir de 1970 com a Lei nº 5.692/1971 e com a reformulação do curso de Pedagogia.

Como era a atuação do orientador escolar nesse período?

Pimenta (1995, p. 24-25) ressalta que a ação do orientador escolar, no início de sua constituição no Brasil, sofreu a influência da experiência desenvolvida nos EUA e na França.

A orientação escolar norte-americana, objetivando o ajustamento dos alunos ao desenvolvimento da sociedade, estabeleceu alguns princípios cardeais da orientação:
- saúde do aluno;
- integração satisfatória na vida familiar e social;
- cidadania;
- vocação;
- uso adequado do tempo de lazer;
- formação do caráter.

O trabalho com os alunos era baseado nesses princípios e realizado em grupo e individualmente. Esses princípios também norteavam as técnicas e instrumentos da orientação escolar. Por exemplo: desenvolver orientação para hábitos de estudo com os alunos; aplicar dinâmicas de grupo para integração e socialização de professores e alunos; organizar fichas de acompanhamento individual dos alunos em relação ao comportamento e à aprendizagem etc.

Já a orientação escolar na França se desenvolveu como um serviço de psicologia escolar que tinha a finalidade de conhecer melhor o aluno. O profissional era chamado de *psicólogo escolar* e sua atividade principal era elaborar um dossiê com todas as informações da criança, o qual serviria de base para orientar pais e professores. A técnica privilegiada era o aconselhamento diretivo.

A aplicação de testes psicológicos também estava presente na ação do orientador educacional. Baseado nos conhecimentos da psicologia, ele desenvolvia atividades em grupo e individual e o trabalho de aconselhamento era baseado na coleta de informações, que era o material de arquivo desse profissional.

No Brasil, a orientação educacional expandiu-se a partir da década de 1970, privilegiando o princípio do "aconselhamento vocacional". Mas, como bem ressalta Pimenta (1995), foi implantada em cumprimento à legislação que expressava uma política nacional de educação reguladora, e não como uma expressão das necessidades das escolas.

Assim, por meio das ações e organização de trabalho dos orientadores educacionais, objetivava-se a adequação dos indivíduos às regras sociais, tidas como absolutas. É o que concluiu Pimenta nos seus estudos sobre o trabalho do orientador educacional em alguns estados brasileiros:

> *O assessoramento ao aluno para que aprenda a fazer escolhas conscientes e adequadas, de modo a se tornar um cidadão integrado consigo mesmo (personalidade harmoniosa) e socialmente útil, é o princípio básico da orientação educacional presente em todos os Estados. Neste princípio está contida a ideia de ajustamento do indivíduo (consigo mesmo e com a sociedade).*
> (Pimenta, 1995, p. 106)

A centralidade do trabalho do orientador educacional no desenvolvimento e no processo de aprendizagem, cria, nesse período, o estereótipo do orientador defensor do aluno. Aquele que, influenciado pelas teorias psicológicas do desenvolvimento, sempre se posiciona na defensiva do aluno, preocupando-se com o atendimento às individualidades, com as dificuldades de aprendizagem e com a interação do aluno com o grupo.

> *A definição do trabalho destes voltado para o aluno, nem sempre acompanhada da competência necessária na consecução da psicologia estudada, contribuiu para formar o estereótipo do orientador como o "defensor" do aluno, aquele que protege o aluno e se coloca a seu favor, quando do confronto com os professores. [...] O aluno indisciplinado passou a ser caso para o orientador.*
> (Pimenta, 1995, p. 108)

É possível afirmar que, nesse período, as ações do orientador educacional tinham por base os princípios de uma teoria escolanovista de educação, na qual o aluno é o centro do processo de ensino-aprendizagem, devendo ser respeitados sua individualidade e seu ritmo próprio de aprender.

O orientador educacional também foi compreendido, nesse período, como um especialista em relações interpessoais, ou seja, como o profissional responsável pelo trabalho de provocar mudanças nas atitudes de professores e alunos, visando efetivar o projeto educacional de desenvolvimento integral destes últimos. Essa proposta, na compreensão de Pimenta (1995), não foi significativa por não ter partido da análise dos problemas concretos da escola, gerados no seio da prática social mais ampla.

Constatamos, dessa forma, que a profissão do orientador educacional, assim como a profissão do supervisor escolar, também tem sua origem marcada pelos princípios da lógica capitalista de organização do processo de produção. A função orientadora respondeu, inicialmente, às demandas de adaptação dos trabalhadores ao processo de produção capitalista. Nesse período, a orientação cumpria com a função de motivar e orientar o trabalhador na escolha e no desempenho do seu trabalho. De certa forma, essa ação é transposta para a instituição escolar, especialmente nos cursos profissionalizantes e de nível médio.

Síntese

Neste capítulo, buscamos reforçar a ideia de que as funções supervisora e orientadora do pedagogo escolar têm sua gênese relacionada ao modo de produção capitalista, assumindo, esse profissional, as tarefas decisórias de planejamento, coordenação e direção do trabalho educativo realizado no interior da escola. Trata-se, em sua origem, de um serviço técnico especializado, calcado na lógica de uma organização hierarquizada do trabalho, baseada nos princípios da racionalização, eficiência e produtividade do processo.

Procuramos, dessa forma, demonstrar como se estabeleceu historicamente a divisão de tarefas no interior da escola no que diz respeito ao trabalho do pedagogo: atuando como supervisor escolar de forma direta com os professores e como orientador educacional mais especificamente com os alunos.

Indicações culturais

Tempos modernos. Direção e produção: Charles Chaplin. EUA: Charles Chaplin Productions, 1936. 87 min.

Filme que retrata o período da industrialização. Interessante para melhor compreendermos a lógica de controle, eficiência e produtividade da sociedade capitalista; sociedade que marca as origens da função supervisora.

O ANO em que meus pais saíram de férias. Direção e produção: Cao Hamburger.
Produção: Caio Gullane, Cao Hamburger e Fabiano Gullane. Brasil: Caos Produções Cinematográficas, 2006. 110 min.

Filme que retrata os anos da ditadura militar no Brasil. Esse período da história recente brasileira é apresentado sob o olhar de uma criança. Auxilia na compreensão do momento histórico brasileiro em que a supervisão e a orientação educacional se desenvolveram no nosso país.

Atividades de autoavaliação

1. Sobre as origens das funções supervisora e orientadora é **incorreto** afirmar que:
   a) a base legal que estabeleceu as habilitações do curso de Pedagogia, incluindo a formação do supervisor e do orientador educacional como possíveis especializações, é dada pelo Parecer CFE nº 252/1969.
   b) as funções supervisora e orientadora têm sua origem no contexto mais amplo da divisão técnica do trabalho sob o modo de produção capitalista.
   c) conhecer o histórico da supervisão e da orientação educacional pode contribuir para a compreensão das ações do pedagogo escolar na atualidade.

d) o supervisor tinha suas ações relacionadas ao atendimento dos alunos e o orientador educacional voltava-se para o atendimento dos professores, auxiliando-os nos planejamentos e acompanhando o processo de ensino.

2. Considere as afirmações a seguir sobre a função supervisora do pedagogo:
   I. A supervisão escolar teve sua origem histórica a partir da função supervisora exercida pelo gerente de fábrica sobre os trabalhadores.
   II. Uma das características da função supervisora em sua origem era a tarefa de tomar as decisões sobre o processo de trabalho a ser realizado pelo professor.
   III. A partir da Deliberação nº 252/1969, pode-se dizer que passou a existir a unidade entre o pensar e o fazer no processo de trabalho escolar, garantida pela articulação entre o trabalho do professor e o do supervisor escolar.
   IV. Entre as tarefas do supervisor escolar, no período do seu surgimento, destacam-se as atividades de atendimento e acompanhamento das dificuldades de aprendizagem dos alunos e a organização de dossiês sobre o processo escolar de cada um deles.
   V. A função supervisora aparece historicamente no cenário sociopolítico-econômico como "função de controle".
   São verdadeiras as afirmativas:
   a) I, II e IV.
   b) I, II e V.
   c) II, IV e V.
   d) I, III e V.

3. Marque a alternativa **incorreta**:
   a) O histórico da orientação escolar indica que seu surgimento teve por base a orientação vocacional que, na sociedade capitalista, intencionava a capacitação profissional, ou seja, pretendia desenvolver hábitos, atitudes e conhecimentos para o ajustamento às funções produtivas.
   b) No Brasil, a orientação educacional expandiu-se a partir da década de 1970, em um contexto em que era hegemônica a pedagogia tradicional.
   c) O orientador educacional é comumente conhecido como o defensor do aluno em consequência da influência das teorias psicológicas do desenvolvimento e dos fundamentos da educação escolanovista.
   d) No Brasil, a orientação educacional se desenvolveu primeiramente nos cursos profissionalizantes e de nível médio.

4. Marque (V) para verdadeiro e (F) para falso e indique a alternativa correspondente:
   (   ) As teorias da administração empresarial influenciaram a origem da função orientadora do pedagogo escolar.
   (   ) A função orientadora respondeu, inicialmente, às necessidades do modo de produção capitalista no sentido de adaptação dos trabalhadores a esse sistema.
   (   ) A função supervisora, desde sua origem, encerra a preocupação com a autonomia do professor na realização do trabalho pedagógico.
   a) V, V, F.
   b) V, F, F.
   c) F, V, F.
   d) F, F, V.

5. Indique a alternativa que completa a seguinte afirmação:
Afirmar que as funções supervisora e orientadora do pedagogo escolar tiveram origem no desenvolvimento da sociedade capitalista significa dizer que essas funções baseavam-se:
a) nos princípios da gestão democrática, participação e tomada de decisão.
b) nos princípios da racionalização, eficiência e produtividade do processo.
c) na lógica da qualidade do ensino voltada aos interesses das camadas trabalhadoras da população.
d) na lógica da indissociabilidade entre teoria e prática.

Atividades de aprendizagem

Questões para reflexão

1. Aprofunde a questão sobre o histórico do curso de Pedagogia com base na leitura do seguinte texto:
SCHEIBE, Leda; AGUIAR, Márcia Ângela da Silva. Formação de profissionais da educação no Brasil: o curso de pedagogia em questão. **Educação e Sociedade**, Campinas, v. 20, n. 68, dez. 1999. Disponível em: <http://www.scielo.br/scielo.php?script=sci_arttext&pid=S0101-73301999000300012&lng=en&nrm=iso>. Acesso em: 20 jun. 2009.

2. Produza um texto reflexivo, apresentando sua compreensão a respeito das características que marcaram o papel do pedagogo escolar no período em que as funções supervisora e orientadora são regulamentadas (Res. 02/69).

Atividade aplicada: prática

Procure conhecer pedagogos que atuem em sua cidade, converse com pelo menos um deles e registre as seguintes questões: Em que época ele realizou o curso de formação em Pedagogia? Havia nesse período a divisão do curso em habilitações específicas? Que conhecimentos marcaram a formação dele?

O PEDAGOGO NA ATUALIDADE: A BUSCA DA ARTICULAÇÃO ENTRE AS FUNÇÕES SUPERVISORA E ORIENTADORA

DOIS

Este capítulo trata sobre o papel do pedagogo na atualidade, discutindo de forma breve como esse profissional, que teve a origem de seu trabalho marcada pela função de "controle", passou gradativamente a ser considerado o responsável pela **articulação** do trabalho pedagógico desenvolvido na escola. Para tanto, é necessário considerarmos o contexto histórico-político mais recente, as determinações legais e as contribuições teóricas que apontam tendências nessa área. Procuraremos mostrar que o projeto político-pedagógico, sendo o eixo articulador da organização do trabalho na instituição de ensino, é o centro que unifica a ação supervisora e orientadora do pedagogo.

2.1
OS ANOS 1980 E O REPENSAR SOBRE O PAPEL DO PEDAGOGO

A partir, principalmente, dos anos 1980, quando se fortalece em nosso país a discussão sobre uma pedagogia comprometida com os interesses da maioria da população – as classes trabalhadoras –, altera-se a compreensão a respeito de qual deve ser o papel do pedagogo escolar. Nesse sentido, o papel do pedagogo, tanto como supervisor escolar quanto como orientador educacional, passa de uma função controladora, fiscalizadora, individualista e burocratizada para uma função de acompanhamento, apoio e suporte pedagógico calcada na organização coletiva do trabalho escolar.

É importante ressaltar que esse período da história recente do Brasil é o da considerada "redemocratização" do país, iniciada com a chamada *abertura política*, que culminou com o fim da ditadura militar e a elaboração da Constituição de 1988. Nesse período, há o fortalecimento dos movimentos organizados da sociedade civil (sindicatos, associações, movimento estudantil, fóruns, entre outros) e o discurso político dominante passa a ser o de democratização da nação, da luta pelos direitos sociais e pela cidadania da população. Conforme Soares (2003, p. 77):

> *Os anos 80 são também caracterizados pelo fortalecimento do movimento sindical, pelas greves reivindicando melhores salários e condições de trabalho e, no campo educacional, pelo movimento junto aos constituintes pela valorização do magistério, democratização e melhoria da escola pública. Enfim, poder-se-ia dizer que a década de 80 foi caracterizada, de modo geral, pela intensificação dos movimentos no campo social e político, muito embora o*

quadro econômico estivesse delimitado pelo recrudescimento da crise econômica herdada da ditadura militar.

A preocupação com uma escola que se volte aos interesses da maioria da população trouxe significativas alterações para o entendimento da função social da escola e do papel dos profissionais que nela atuam, redimensionando o compromisso político-pedagógico com a qualidade do ensino, na perspectiva de contribuir para a construção de uma sociedade justa e igualitária. Nesse sentido, o repensar da função do pedagogo não se faz de forma isolada, mas é parte do processo de busca de reformulação da escola como um todo (suas finalidades, estratégias, metodologias de ensino, definição de conteúdos, formas e instrumentos de avaliação, organização da gestão escolar).

Para que essa reestruturação do papel da escola, conforme o movimento desencadeado na década de 1980, pudesse se efetivar, foram necessárias reformulações no âmbito da gestão escolar. A escola, como uma instituição inserida num contexto mais amplo da sociedade brasileira, passou a buscar a construção de uma forma de organização democrática, que expressasse novas relações entre os segmentos (professores, pais, alunos, direção, funcionários, direção e pedagogos) que participam do processo de ensino-aprendizagem. Nesse sentido é que se põe a necessidade da organização coletiva do trabalho pedagógico numa perspectiva democrática. Segundo Paro (1990, p. 160):

A administração escolar inspirada na cooperação recíproca entre os homens deve ter como meta a constituição, na escola, de um novo trabalhador coletivo que, sem os constrangimentos da gerência capitalista e da parcelarização desumana do trabalho, seja uma decorrência do trabalho cooperativo de todos os envolvidos no processo escolar, guiados por uma "vontade coletiva" em direção ao alcance dos objetivos verdadeiramente educacionais da escola.

Não cabe mais conceber o pedagogo supervisor escolar ou orientador educacional como um profissional que se sobrepõe aos demais (professores e alunos), numa condição hierárquica superior baseada na ideia de que é ele quem comanda, define e determina o trabalho a ser realizado de acordo seus próprios princípios e interesses. Nesse contexto, esses profissionais respondiam e eram a expressão dos interesses de um modelo de sociedade conservadora e reprodutora do *status quo* estabelecido.

> *Na sociedade dividida em classes antagônicas, onde o autoritarismo se apresenta como regra geral de conduta, quando se fala em coordenação do esforço humano coletivo, imagina-se imediatamente um (ou uns) coordenando e outros sendo coordenados, isto é, assimila-se de imediato, "coordenação" a gerência, que é o controle do trabalho alheio. Esse tipo de controle é necessário quando as pessoas ou grupos envolvidos no empreendimento não têm os mesmos interesses, não lhes importando atingir um objetivo que seja comum a todos. Daí a necessidade de que uns imponham sua vontade sobre os demais, fazendo-os cumprir suas determinações. Tal necessidade deixa de existir quando há consciência e concordância a respeito dos fins a serem buscados.*
> (Paro, 1990, p. 161)

Se os fins a serem buscados na instituição escolar dizem respeito à garantia da efetivação do processo de ensino-aprendizagem, este deve ser o aspecto central do trabalho de coordenação realizado pelo pedagogo. Caberá a esse profissional trabalhar na direção de coordenar as ações necessárias para a garantia do sucesso do processo de ensino-aprendizagem e não mais direcionar suas ações para o controle do trabalho dos professores. Assim, com relação ao processo de ensino-aprendizagem, o pedagogo deve ser entendido como cúmplice do professor, ou seja, suas ações podem contribuir, ou não, para a realização da função da escola: a socialização do conhecimento científico.

2.2
A FUNÇÃO SUPERVISORA E A FUNÇÃO ORIENTADORA DO PEDAGOGO ESCOLAR A PARTIR DOS ANOS 1990

A década de 1990 foi marcada pelo processo de discussão e pela promulgação da Lei de Diretrizes e Bases para a Educação Nacional (LDBEN), que passa a trazer novas configurações para a educação em todos os níveis e etapas: educação básica (educação infantil, ensino fundamental e ensino médio) e ensino superior. Com relação à formação dos pedagogos, Kuenzer (2002b, p. 58) afirma que as especialidades "criadas pelo parecer 252/69 do Conselho Federal de Educação, foram praticamente superadas pelas tentativas de unificação nas agências de formação e nas escolas", entretanto, "essa fragmentação foi reeditada pela Lei nº 9.394/1996, no art. 64." Vejamos o que diz a lei a esse respeito:

> *Art. 64. A formação de profissionais de educação para administração, planejamento, inspeção, supervisão e orientação educacional para a educação básica, será feita em cursos de graduação em pedagogia ou em nível de pós--graduação, a critério da instituição de ensino, garantida, nesta formação, a base comum nacional.* (Brasil, 1996)

Após a promulgação da LDBEN nº 9.394/1996, acirrou-se o debate acerca da formação dos profissionais da educação, sobre o lócus e o conteúdo dessa formação ante os desafios da atualidade. Esse debate – que envolveu diversas entidades do meio educacional, como a Associação Nacional pela Formação dos Profissionais da Educação (Anfope), a Associação Nacional de Pós-Graduação e Pesquisa em Educação (Anped), as universidades, os fóruns em defesa da escola pública, entre outros – desembocou na discussão e elaboração das atuais Diretrizes Curriculares Nacionais para o Curso de Pedagogia, Resolução nº CNE/CP 01/2006. De acordo com o art. 2º das novas Diretrizes Curriculares, o curso de Pedagogia formará o profissional para o exercício da

> *[...] docência na Educação Infantil e nos anos iniciais do Ensino Fundamental, nos cursos de Ensino Médio, na modalidade Normal, e em cursos de Educação Profissional na área de serviços e apoio escolar, bem como em outras áreas nas quais sejam previstos conhecimentos pedagógicos.* (Brasil, 2006a)

Ressaltamos que, a partir da definição das novas Diretrizes Curriculares Nacionais para o Curso de Pedagogia, segundo o proposto no art. 10, as habilitações até então existentes (como, supervisão escolar, orientação educacional, administração escolar etc.) entraram em regime de extinção e a docência passa a ser a base da formação e do trabalho do pedagogo. Destacamos ainda que o processo de elaboração, bem como o próprio conteúdo das Diretrizes Curriculares Nacionais para o Curso de Pedagogia são objetos de críticas de autores na área educacional. Vejamos as considerações de Saviani (2007, p. 127) sobre essa questão:

> *as novas Diretrizes Curriculares Nacionais do Curso de Pedagogia são, ao mesmo tempo, extremamente restritas e demasiadamente extensivas: muito restritas no essencial e assaz excessivas no acessório. São restritas no que se refere ao essencial, isto é, àquilo que configura a Pedagogia como um campo teórico-prático dotado de um acúmulo de conhecimentos e experiências resultantes de séculos de história. Mas são extensivas no acessório, isto é, se dilatam em múltiplas e reiterativas referências à linguagem hoje em evidência, impregnada de expressões como conhecimento ambiental-ecológico; pluralidade de visões de mundo; interdisciplinaridade, contextualização, democratização; ética e sensibilidade afetiva e estética; exclusões sociais, étnico-raciais, econômica, culturais, religiosas, políticas; diversidade; diferenças; gêneros; faixas geracionais; escolhas sexuais, como se evidencia nos termos da Resolução antes citada.*

Para o autor, o documento das Diretrizes Curriculares Nacionais para o Curso de Pedagogia é, ao mesmo tempo, restrito e extensivo, ou seja, restrito no que é o essencial: os conhecimentos específicos da pedagogia como ciência da educação; extensivo no que é acessório ao enfatizar inúmeras expressões evidenciadas na atualidade. Também Kuenzer e Rodrigues (2006) indicam o caráter restrito e, ao mesmo tempo, extensivo das diretrizes, dirigindo-se, mais especialmente, ao perfil do egresso do curso:

> *no afã do atendimento a todas as vozes dissonantes da opção escolhida, ao tempo que o Parecer **define um foco restrito** a uma única possibilidade de qualificação, representativa de uma forma específica de concepção do que seja a Pedagogia, **amplia demasiadamente o perfil**, do que resulta a ineficácia práxica da proposta, pois o que está em tudo não está em lugar nenhum, constituindo-se desta forma uma aberração categorial: **uma totalidade vazia**. Os resultados práticos desta contradição é que as Instituições formadoras, mais uma vez, vão propor percursos para atender às suas conveniências, principalmente as mercantis, o que contribui, contrariamente ao professado, a uma maior desqualificação da educação básica, ampliada pela desqualificação dos formadores.* [grifo do original]

As Diretrizes Curriculares Nacionais para o Curso de Pedagogia determinam que as instituições de ensino superior que ofertam essa licenciatura organizem um curso que vise formar um profissional apto a desempenhar as atividades pedagógicas tanto na função de professor, quanto na função de pedagogo, alterando o foco na formação desse profissional. Ressaltamos que o entendimento da docência como base do trabalho pedagógico é questionada por alguns autores. Para Libâneo (2005),

> *por respeito à lógica e à clareza de raciocínio, a base de um curso de pedagogia não pode ser a docência. Todo trabalho docente é trabalho pedagógico, mas nem todo trabalho pedagógico é trabalho docente. A docência é uma modalidade de atividade pedagógica, de modo que a formação pedagógica é o suporte, a base da docência, não o inverso. Ou seja, a abrangência da pedagogia é maior*

do que a da docência. *Um professor é um pedagogo, mas nem todo pedagogo precisa ser professor. Isso de modo algum leva a secundarizar a docência, pois não estamos falando de prioridades de campos científicos ou de atividade profissional, estamos falando de uma epistemologia do conhecimento pedagógico.*

Para o autor, existe uma inversão nas Diretrizes Curriculares Nacionais para o Curso de Pedagogia no que diz respeito ao entendimento da docência como base do trabalho pedagógico: todo trabalho pedagógico não é necessariamente trabalho docente, mas o trabalho docente é sempre um trabalho pedagógico. Nesses termos, o trabalho docente pressupõe a formação pedagógica.

Nessa mesma direção, Kuenzer e Rodrigues (2006), ao analisarem o Parecer CNE/CP 05/2005* – o qual dá as bases para a Resolução CNE/CP 01/2006, que institui as Diretrizes Curriculares Nacionais para o Curso de Pedagogia –, indicam a ampliação da concepção de ação docente:

> *o Parecer 05/2005 amplia demasiadamente a concepção de **ação docente** provavelmente para rebater as críticas que vinham sendo feitas à redução do campo epistemológico*[**] *da Pedagogia que a centralidade nesta categoria determinava e, ao mesmo tempo, produzir uma formulação que, pela abrangência, fosse mais consensual. Como resultado deste esforço, a concepção de ação docente passou a abranger também a participação na organização e gestão de sistemas e instituições de ensino e a produção e difusão do conhecimento científico-tecnológico do campo educacional em contextos escolares e não escolares, assumindo tal amplitude que resultou descaracterizada. [...] A gestão e a investigação demandam ações que não podem ser reduzidas à de docência, que se caracteriza por suas especificidades; ensinar não é gerir ou pesquisar, embora sejam ações relacionadas. Em decorrência desta imprecisão conceitual, o perfil e as competências são*

---

* Para ver este parecer na íntegra, acesse: <http://portal.mec.gov.br/cne/arquivos/pdf/pcp05_05.pdf>.

** Epistemológico: que se refere ao estudo dos postulados, conclusões e métodos dos diferentes ramos do saber científico (Houaiss; Villar; Franco, 2009, p. 784).

> *de tal modo abrangentes que lembram as de um **novo salvador da pátria**, para cuja formação o currículo proposto é insuficiente, principalmente ao se considerar que as competências elencadas, além de muito ampliadas, dizem respeito predominantemente a dimensões práticas da ação educativa, evidenciando-se o caráter instrumental da formação.* [grifo do original]

Concluindo essa breve retomada do contexto referente ao curso de Pedagogia a partir dos anos 1990, importa-nos destacar que, embora as diretrizes centrem a discussão sobre a formação desse curso no âmbito da docência, essa é uma análise que precisa ser aprofundada devido ao risco de se perder a especificidade da formação do pedagogo em prol da formação do professor.

Então, a partir desse contexto, em que as habilitações entram em extinção (art. 10 da Resolução CNE/CP nº 01/2006), o supervisor escolar e o orientador educacional não existem mais?

A partir das Diretrizes Curriculares Nacionais para o Curso de Pedagogia, as habilitações específicas de fato deixam de existir. No entanto, tomamos como pressuposto o fato de que as funções orientadora e supervisora continuam existindo como inerentes ao trabalho do pedagogo escolar, ou seja, marcam a ação do pedagogo no dia a dia da escola.

A partir das determinações legais postas pelas novas diretrizes, o que caracteriza o papel do pedagogo hoje e que, a nosso ver, pode auxiliar na articulação das funções supervisora e orientadora, diz respeito ao que se propõe como central para a formação do licenciado em Pedagogia, segundo o art. 3º, parágrafo único da resolução:

> *[...]*
> *I - o conhecimento da escola como organização complexa que tem a função de promover a educação para e na cidadania;*
> *II - a pesquisa, a análise e a aplicação dos resultados de investigações de interesse da área educacional;*

III - a participação na gestão de processos educativos e na organização e funcionamento de sistemas e instituições de ensino. (Brasil, 2006a)

Na escola, esses elementos apontados podem potencializar a possibilidade de uma organização coerente e eficaz do trabalho pedagógico, visando a efetivação do processo de ensino-aprendizagem. Esse movimento de reflexão, teoricamente fundamentada sobre a prática, materializa-se no projeto político-pedagógico* da instituição, o qual deve ser o norte do trabalho do pedagogo escolar. Nesse sentido, na sequência faremos algumas indicações de como o PPP pode ser o eixo articulador das funções supervisora e orientadora do pedagogo escolar.

2.3
O PROJETO POLÍTICO-PEDAGÓGICO COMO EIXO ARTICULADOR DAS FUNÇÕES SUPERVISORA E ORIENTADORA

Assumimos, neste livro, a ideia de que o PPP é o eixo articulador do trabalho educativo desenvolvido pela escola. Portanto, ele é o elo entre os diferentes momentos e espaços existentes nessa instituição, que tem como objetivo maior a garantia da efetivação do processo de ensino-aprendizagem.

De acordo com Veiga (1998), o PPP é a própria organização do trabalho pedagógico da escola como um todo e vai além do simples agrupamento de planos de ensino e de atividades diversas, devendo ser construído e vivenciado por todos os envolvidos** com o processo

---

*   O projeto político-pedagógico é uma determinação legal, presente na LDBEN n° 9.394/1996, que em seu art. 12 institui: "Os estabelecimentos de ensino, respeitadas as normas comuns e as de seu sistema de ensino, terão a incumbência de: I- Elaborar e executar sua proposta pedagógica."
Fizemos a opção por esse texto pelo fato de ele utilizar a expressão *projeto político-pedagógico* como sinônimo de *proposta pedagógica*, com a finalidade de destacar o que pode parecer óbvio: que uma proposta pedagógica é sempre política.

**   Trata-se de uma ação da qual devem participar todos os segmentos da escola: professores, direção, equipe pedagógica, pais, alunos e funcionários.

de ensino-aprendizagem. Como uma ação intencional, é sempre um projeto político "por estar intimamente articulado ao compromisso sociopolítico com os interesses reais e coletivos da população majoritária" (Veiga, 1998, p. 13).

Considerando que o PPP deve se caracterizar como um processo permanente, contínuo, de discussão e reflexão acerca dos problemas da realidade escolar, é preciso levar em conta que tal processo exige planejamento, organização e sistematização, pois é uma ação intencional que deve ser construída nos espaços de ação coletiva da escola. Desse modo, é o cotidiano escolar, suas contradições, seus limites e possibilidades, o ponto de partida para a elaboração do PPP e, consequentemente, do trabalho do pedagogo.

Esse trabalho está relacionado à organização e implementação do PPP e, portanto, todas as ações por ele desenvolvidas acontecem em espaços de organização coletiva no interior da escola (reuniões pedagógicas, hora-atividade, conselho de classe, conselho escolar etc.), tendo por objetivo maior o pensar e o repensar constante sobre a organização do trabalho pedagógico. Em outros termos, todas as ações desenvolvidas pelo pedagogo na organização do trabalho escolar têm como norte a efetivação do PPP.

Cabe ao pedagogo, em sua ação supervisora e orientadora, organizar os espaços e momentos em que o PPP possa ser discutido, tanto para sua elaboração, quanto para a avaliação contínua e o redimensionamento do trabalho realizado na escola com vistas à garantia da aprendizagem dos alunos. Nesses espaços e momentos, os professores podem discutir coletivamente sobre os elementos que constituem o PPP, os quais, conforme Veiga (1998), são: as finalidades da escola, a estrutura organizacional, o currículo (conteúdos de ensino, as concepções que fundamentam cada área do conhecimento, as metodologias mais adequadas para propiciar a aprendizagem, as formas e instrumentos de avaliação), o tempo escolar, o processo de decisão (relações de gestão), as relações de trabalho e a avaliação institucional.

Destacamos que o papel do pedagogo é desempenhado em conjunto com a direção da escola no sentido de organizar os espaços em que seja possível a discussão coletiva sobre os elementos apresentados anteriormente. O pedagogo seleciona textos para estudo, direciona as ações buscando estratégias para garantir a participação de todos os segmentos e auxilia na definição de como poderá ser sistematizado o documento (o registro escrito das discussões). Desse modo, fica claro que o PPP não é tarefa única e exclusiva do pedagogo, nem uma ação a ser realizada na secretaria da escola individualmente. É tarefa sempre coletiva, que expressa os limites e possibilidades de entendimento daquele grupo de pessoas num determinado momento histórico.

A discussão sobre o PPP pode e deve ocorrer diariamente no cotidiano escolar, explorando, para tanto, os momentos de hora-atividade ou hora-permanência dos professores nos locais em que isso é garantido*, as reuniões pedagógicas, o conselho de classe e o conselho de escola.

É importante concluir esse item ressaltando que o PPP é a expressão do movimento real da escola, com seus erros, seus acertos, suas contradições. Ele não é apenas – embora também o seja - um documento elaborado para cumprir com as determinações legais e com a exigência para a autorização de funcionamento do estabelecimento de ensino por parte das secretarias municipais e estaduais de educação.

---

*   Tempo de trabalho remunerado para estudo e planejamento das aulas. A Lei nº 11.738/2008, de 16 de julho de 2008, que trata sobre o piso salarial nacional para profissionais do magistério da educação básica, estabelece, dentro da carga horária semanal de trabalho, a porcentagem de tempo máximo de 2/3 de atuação do professor com os alunos. Portanto, 33% da carga horária deveria ser destinada às atividades de estudo e planejamento. Para ver a Lei nº 11.738/2008 na íntegra, acesse: <http://www.planalto.gov.br/ccivil_03/_Ato2007-2010/2008/Lei/L11738.htm>.

O PPP é o documento de identidade da escola; aquilo que a identifica e a caracteriza como instituição singular e, ao mesmo tempo, partícipe de relações sociais mais amplas. Nesse sentido, podemos compreender que, quando o pedagogo atua em suas funções supervisora e orientadora, ele pode colaborar para a efetivação desse projeto. Reforçamos também a ideia de que as funções supervisora e orientadora do pedagogo escolar se relacionam com as atividades desenvolvidas por esse profissional no interior da escola, de modo mais específico, com sua atuação em relação aos professores ou aos alunos. Por esse motivo, relacionamos essas funções às duas faces do processo pedagógico: o ensino e a aprendizagem. De acordo com Paro (2001, p. 37):

> *Não sendo o fim da educação, mas a sua mediação, o processo pedagógico só pode considerar-se bem sucedido [sic] se logrou o alcance do objetivo. Por isso é que se pode dizer que ensino e aprendizado são as duas faces de uma mesma moeda. Não pode existir uma, se não existe a outra. Não há ensino se não se deu o aprendizado. Daí o absurdo em se afirmar que determinada aula (processo de ensino) é boa ou que o ensino de determinada escola é de qualidade, mas os alunos não aprendem.*

Considerando, conforme Paro (2001), que o ensino e a aprendizagem são as duas faces de uma mesma moeda, também as funções supervisora e orientadora, quando direcionam-se para a garantia da efetivação do processo de ensino-aprendizagem devem ser entendidas como inter-relacionadas.

Embora o processo de elaboração (discussão e escrita) do PPP seja uma das ações específicas do pedagogo, é necessário considerar que todas as suas outras ações são desenvolvidas na escola, visando possibilitar um processo de ensino-aprendizagem que de fato torne o plano formal em realidade. Ou seja, são todas as ações desenvolvidas pela escola e que visam à aprendizagem dos alunos que constituem o PPP e dão vida e movimento ao documento construído coletivamente.

Portanto, a atuação do pedagogo escolar em relação a sua função supervisora e orientadora tem como norte a organização do trabalho pedagógico da escola entendida na sua totalidade. Dessa forma, o trabalho desenvolvido na escola não deve caracterizar-se pela mera junção de ações isoladas e desarticuladas, mas pela ação integrada e intencionalmente organizada dos profissionais que nela atuam, com vistas à garantia da efetivação do processo de ensino-aprendizagem.

Nessa direção da busca da garantia da efetivação do processo de ensino-aprendizagem, ressaltamos que as práticas historicamente desenvolvidas pelo supervisor escolar e pelo orientador educacional não podem ser apenas descartadas, pois, se redirecionadas, podem contribuir para a construção de uma escola de fato democrática.

Conforme afirmamos, o PPP é o eixo articulador do trabalho educativo desenvolvido na escola, pois é ele que expressa os objetivos, princípios, finalidades e orienta os encaminhamentos a serem desenvolvidos na perspectiva da concepção de sociedade que se almeja. Dessa forma, o trabalho do pedagogo escolar, seja na sua função supervisora, seja na orientadora, vai se desenvolver a partir do e para o PPP. A partir disso, podemos afirmar que as ações do pedagogo escolar, desenvolvidas na função supervisora e na função orientadora, realizam-se no movimento de efetivação desse projeto. Esse movimento se dá pela articulação entre teoria e prática, conteúdo e forma, garantindo a práxis* pedagógica.

Temos nos referido constantemente às funções e ações supervisora e orientadora do pedagogo escolar, mas, o que diferencia os termos *função* e *ação*? Quando nos referimos à função supervisora/orientadora do pedagogo escolar, estamos nos remetendo ao papel

---

* Práxis: No **marxismo**, ação objetiva que, superando e concretizando a crítica social meramente teórica, permite ao ser humano construir a si mesmo e o seu mundo de forma livre e autônoma, nos âmbitos cultural, político e econômico (Houaiss; Villar; Franco, 2009, p. 1536).

que esse profissional desempenha no cargo que ocupa, ou seja, o que cabe a ele, de forma específica, no que diz respeito ao processo de ensino-aprendizagem. Já, quando tratamos sobre a ação supervisora e orientadora do pedagogo escolar, estamos nos referindo ao agir, à sua atuação, às atividades por ele desenvolvidas, enfim, à própria forma de organização dos diferentes espaços e momentos em que a ação pedagógica ocorre.

Veremos nos próximos capítulos como as funções supervisora e orientadora se materializam por meio das ações desenvolvidas pelo pedagogo no espaço escolar.

Síntese

Neste capítulo, buscamos discutir as configurações atuais a respeito do papel do pedagogo escolar. Para tanto, retomamos, de forma breve, o contexto sociopolítico-econômico dos anos 1980 e suas repercussões sobre a área educacional nesse período marcado pela preocupação com uma escola voltada aos interesses da maioria da população. Procuramos mostrar como o papel do pedagogo escolar é revisto nesse período: de uma função controladora e fiscalizadora do trabalho do professor passa a ser entendido como apoio e suporte pedagógico, destacando sua competência técnica relacionada ao necessário compromisso político.

Também tratamos sobre o contexto dos anos 1990 e as repercussões sobre o papel do pedagogo escolar a partir das definições legais da nova LDBEN nº 9.394/1996 e das Diretrizes Curriculares Nacionais para o Curso de Pedagogia. Ressaltamos que as diretrizes extinguem as habilitações na formação do pedagogo e ressaltam a docência como base do trabalho pedagógico. Afirmamos que, mesmo não existindo mais as habilitações específicas no curso de Pedagogia, as funções supervisora e orientadora se expressam ainda hoje nas ações que esse profissional realiza com os professores ou com os alunos no dia a dia escolar. Assim, se o processo de ensino-aprendizagem é um todo indissociável, essas ações são indiscutivelmente inter-relacionadas.

Concluímos apontando que o PPP é o eixo articulador do trabalho educativo desenvolvido na escola e, portanto, o elemento central do trabalho do pedagogo escolar.

INDICAÇÕES CULTURAIS

QUANTO VALE ou é por quilo? Direção: Sérgio Bianchi. Produção: Agravo Produções Cinematográficas S/C Ltda. Brasil: Rio Claro, 2005. 104 min.

Esse filme trata da miséria social, estabelecendo relações entre o sistema escravagista e a vida em uma comunidade carente hoje. O filme nos permite refletir sobre as formas de conservação do modelo social vigente e, a partir daí, pensar sobre o papel do pedagogo na atualidade.

QUEM MATOU Pixote. Direção: José Joffily. Produção: Paulo Halm e Alvarna Souza e Silva Brasil: Columbia Pictures do Brasil, 1996. 116 min.

Filme que retrata a violência e a miséria social dos anos 1980-1990, contando a história do menino que representou no cinema o personagem do filme "Pixote". Mostra os anseios e os problemas desse adolescente que viveu cercado pela miséria, pelas drogas e pelo crime. Nos permite refletir sobre de que forma essa realidade está presente ainda hoje também no contexto escolar.

ATIVIDADES DE AUTOAVALIAÇÃO

1. As alterações na compreensão do papel do pedagogo escolar a partir da década de 1980 podem ser atribuídas aos seguintes fatores:
    I. A obrigatoriedade da presença do pedagogo no interior da escola definida pela LDBEN nº 9.394/1996.
    II. A preocupação com uma escola que se volte aos interesses da maioria da população.

III. O movimento de democratização da nação e luta pelos direitos sociais e pela cidadania da população.
IV. As alterações no entendimento da função social da escola.
V. As preocupações com a organização de um ensino de qualidade que seja acompanhado por um profissional competente na ação de supervisionar.

Estão corretas apenas as alternativas:
a) II, IV e V.
b) I e V.
c) II, III e IV.
d) II e IV.

2. Num contexto em que os fins a serem buscados na instituição escolar dizem respeito à garantia da efetivação do processo de ensino-aprendizagem, caberá ao pedagogo:
   a) articular ações na direção da organização do trabalho pedagógico da escola entendida na sua totalidade.
   b) desenvolver ações de controle do trabalho do professor de forma a garantir o sucesso do processo de ensino-aprendizagem.
   c) organizar as ações a serem desenvolvidas na escola, tendo como referência as necessidades do mercado de trabalho.
   d) Comandar, definir e determinar o trabalho a ser realizado na escola, considerando para isso os interesses e princípios próprios desenvolvidos no processo de sua formação inicial.

3. Sobre as Diretrizes Curriculares Nacionais para o Curso de Pedagogia (Resolução nº 01/2006 – CNE/CP), marque (V) para as afirmações verdadeiras e (F) para as falsas:
   (   ) A partir da definição das novas Diretrizes Curriculares Nacionais para o Curso de Pedagogia, as habilitações do curso de Pedagogia, como supervisão escolar, orientação

educacional, administração escolar, entre outras, entraram em regime de extinção.

( ) A principal crítica de autores como Libâneo (2005) e Kuenzer (2006) em relação às Diretrizes Curriculares Nacionais é em relação à extinção das habilitações do curso de Pedagogia, uma vez que, para esses autores, sem essas habilitações o curso poderia perder a característica principal de formar o pedagogo e direcionar-se apenas para formação do docente.

( ) A elaboração das Diretrizes Curriculares Nacionais para o curso de Pedagogia se deu em meio ao contexto da década de 1990, tendo como base a LDBEN nº 9.394/1996 e o envolvimento de entidades nacionais como a Anfope.

Assinale a sequência correta:
a) V, F, F.
b) F, V, V.
c) F, F, V.
d) V, F, V.

4. O projeto político-pedagógico é o elemento central do trabalho do pedagogo escolar porque:
   a) é uma ação intencional que deverá ser de responsabilidade de um dos profissionais da escola.
   b) é a própria organização do trabalho pedagógico da escola como um todo, devendo ser construído e vivenciado por todos os envolvidos com o processo de ensino-aprendizagem.
   c) é o documento de identidade da escola, aquilo que identifica e caracteriza a instituição escolar.
   d) é um instrumento de luta do pedagogo em defesa da organização de um ensino sistematizado e de acordo com os interesses dos profissionais da escola.

5. Assinale a alternativa **incorreta** sobre as ações que o pedagogo deve desenvolver no processo de elaboração do PPP:
   a) Organizar os espaços e momentos em que o PPP possa ser discutido coletivamente.
   b) Buscar estratégias para garantir a participação de todos os segmentos.
   c) Auxiliar na definição de como poderá ser sistematizado o documento.
   d) Escrever o PPP a partir de suas impressões sobre o trabalho desenvolvido pela escola e apresentar aos professores para aprovação ou não.

Atividades de aprendizagem

Questões para reflexão

1. Leia as Diretrizes Curriculares Nacionais para o Curso de Pedagogia (disponível em: <http://portal.mec.gov.br/cne/arquivos/pdf/rcp01_06.pdf>) e elabore uma síntese sobre o que o documento propõe em relação ao currículo do curso.
2. Produza um texto reflexivo apresentando sua compreensão a respeito de como as características socioeconômicas e políticas da atualidade se refletem no cotidiano escolar e na atuação do pedagogo.

Atividade aplicada: prática

Busque conhecer o PPP de uma escola próxima à localidade em que você reside. Converse com o pedagogo dessa escola para saber a respeito das ações que ele desenvolve no seu trabalho e como estas se relacionam com a concepção de educação proposta no PPP.

A FUNÇÃO SUPERVISORA DO PEDAGOGO ESCOLAR

TRÊS

Este capítulo tem por objetivo discutir aspectos relacionados à atuação do pedagogo escolar em relação à sua função supervisora. Esta está relacionada diretamente ao trabalho desse profissional com os professores da instituição escolar. Nesse sentido, são várias as ações que podem ser desenvolvidas pelo pedagogo visando à organização do trabalho educativo para a efetivação do PPP. Destacaremos, neste capítulo, algumas dimensões do trabalho do pedagogo relacionadas à formação continuada, ao planejamento escolar, à avaliação e à gestão democrática. Procuraremos demonstrar como essas ações se realizam em espaços ou momentos específicos como a hora-atividade, as reuniões pedagógicas, o conselho de classe e o conselho de escola.

3.1 A FUNÇÃO SUPERVISORA DO PEDAGOGO E A FORMAÇÃO CONTINUADA

Com relação ao processo de formação continuada ou qualificação em serviço do professor, enfatizamos a possibilidade desta se realizar no âmbito da própria escola, ressaltando a dimensão formativa da prática docente. A importância da formação continuada articula-se à compreensão da natureza do trabalho docente, relacionada à questão do conhecimento. O trabalho do professor insere-se no âmbito da produção e socialização do saber, do conhecimento produzido histórica e coletivamente pelos seres humanos na medida em que estes produzem as condições materiais da sua existência (moradia, alimentação, vestuário etc.). Nesse sentido, o professor necessita estar constantemente estudando e a formação continuada, compreendida na perspectiva da atualização histórico-cultural, é condição implícita para que a função social da escola se realize e para garantir a efetivação do processo de ensino-aprendizagem.

A fim de refletir sobre o papel do conhecimento e relacioná-lo com a questão da formação continuada dos professores, destacamos a citação a seguir:

> *O problema do conhecimento se faz presente no processo de trabalho em geral de dupla forma: em primeiro lugar, como sustentação para que o próprio processo se desenvolva, ou seja, o conhecimento que o sujeito tem de ter para que suas ações se ponham em movimento para obter determinado fim: conhecimento da matéria sobre a qual age intencionalmente; conhecimento acerca*

daquilo que se deseja idealmente como resultado do processo de trabalho; conhecimento já embutido na própria construção e elaboração dos instrumentos de trabalho. Em segundo lugar, como conhecimento resultante desse processo de trabalho, posto que o ser humano, na medida em que transforma o meio, transforma também a si próprio podendo, em certas circunstâncias, a partir do processo de trabalho, alterar sua própria consciência sobre a realidade, gerar novos conhecimentos. (Soares, 2008, p. 54-55)

Assim, podemos entender que o conhecimento se faz presente no trabalho do professor tanto como fundamento da ação docente, quanto como resultante do próprio processo de trabalho. Ao reconhecermos a importância do conhecimento no trabalho docente, afirmamos a necessidade de uma formação de professores (inicial e continuada) sólida e de qualidade (teórica e metodologicamente). Por esse motivo há a preocupação com as possibilidades de sua apropriação pelo docente no campo específico da formação continuada. Portanto, é necessário refletir sobre:

- De que modo a formação continuada tem se realizado no interior das escolas?
- Quais são os espaços em que isso é possível?
- Como o pedagogo pode atuar nesse sentido?

Para respondermos a essas questões, é preciso primeiramente refletir sobre o que constitui a dimensão formativa da prática docente. A esse respeito, Kuenzer (2002a, p. 301) afirma ser necessário considerar que:

o trabalhador se educa no e a partir do seu processo de trabalho, com apoio da formação teórica adquirida nos cursos de formação inicial e continuada; mas é no trabalho, e através das relações estabelecidas a partir dele, que se constroem as competências profissionais, pela articulação entre conhecimento e intervenção.

Portanto, é na prática docente, nas suas ações diárias relacionadas ao processo de ensino, que a relação entre teoria e prática de fato ocorre, possibilitando a práxis pedagógica. Ou seja, é no dia a dia, no interior da escola, na sua atuação profissional que o professor tem a possibilidade de estabelecer relações entre os conhecimentos adquiridos nos cursos de formação inicial e continuada e a realidade escolar. A teoria pode permitir ao professor melhor compreender sua prática e potencializá-la.

Reforçamos, nesse ponto, a compreensão do conceito de "práxis" (Sánchez Vazquez, 1968) como a relação indissociável entre teoria e prática e, dessa forma, contrapomo-nos às tendências de supervalorização da prática docente em sentido pragmático*, restrita de maneira simplista ao cotidiano imediato. Nessa perspectiva, fortalecem-se na atualidade as pedagogias do "aprender a aprender" e do "aprender fazendo"**, colaborando para secundarizar a ideia de que o professor deve dominar os fundamentos teóricos (científicos) da sua atuação profissional. Também nos opomos à defesa da competência profissional em sentido individualizado e competitivo, o que, em nosso entendimento, colabora para a constituição de um professor despolitizado, pouco preocupado com as lutas e definições de um coletivo profissional na defesa de uma educação de qualidade.

A partir desses pressupostos, indicamos a possibilidade do pedagogo contribuir para o fortalecimento de práticas voltadas à reflexão sistemática e coletiva sobre o trabalho educativo realizado no interior das escolas. De que forma a escola, enquanto instituição, e o pedagogo, profissional diretamente responsável pela organização do trabalho pedagógico da escola, podem procurar criar e organizar

---

* Em sentido pragmático apenas é válido o que é imediatamente útil.

** Para melhor entendermos o significado dessas expressões bastante utilizadas na atualidade, nos textos e discursos na área educacional, é necessário buscar entender seus fundamentos na pedagogia da escola nova. Nesse sentido, sugere-se a leitura de Saviani (1992).

espaços que possibilitem ao professor a reflexão teoricamente fundamentada sobre a sua prática? Citamos aqui alguns dos espaços que já existem na escola e que, se devidamente organizados, podem colaborar para a formação continuada dos professores: as reuniões pedagógicas, os conselhos de classe, o conselho de escola, o processo de elaboração do PPP, a hora-atividade. Assim, defendemos a ideia de que o processo de reflexão sobre a prática não se limita aos muros escolares, ao cotidiano imediato. A reflexão sobre a prática, embora tenha o cotidiano escolar como ponto de partida, não deve se restringir a esse âmbito, mas precisa buscar na teoria os elementos que permitam melhor compreender a prática imediata e potencializá-la, transformá-la qualitativamente, ou seja, buscar a práxis.

Destacamos a compreensão de Saviani (1992, p. 79) acerca do que caracterizaria os métodos de ensino numa pedagogia comprometida com os interesses das camadas populares como elucidadora no sentido de auxiliar-nos a pensar a respeito de como o pedagogo pode contribuir com o processo de formação continuada dos professores:

> *Uma pedagogia articulada com os interesses populares valorizará, pois, a escola; não será indiferente ao que ocorre em seu interior; estará empenhada em que a escola funcione bem; portanto, estará interessada em métodos de ensino eficazes. Tais métodos se situarão para além dos métodos tradicionais e novos, superando por incorporação as contribuições de uns e de outros. Portanto, serão métodos que estimularão a atividade e a iniciativa dos alunos sem abrir mão, porém, da iniciativa do professor; favorecerão o diálogo dos alunos entre si e com o professor, mas sem deixar de valorizar o diálogo com a cultura acumulada historicamente; levarão em conta os interesses dos alunos, os ritmos de aprendizagem e o desenvolvimento psicológico, mas sem perder de vista a sistematização lógica dos conhecimentos, sua ordenação e gradação para efeitos do processo de transmissão-assimilação dos conteúdos cognitivos.*

De acordo com o autor, essa compreensão dos métodos de ensino não se constitui num ecletismo que englobe os métodos tradicionais e escolanovistas, mas, ao contrário dessas duas correntes, pressupõe "manter continuamente presente a vinculação entre educação e sociedade" (Saviani, 1992, p. 79). Nessa direção, esse autor propõe que, no processo de ensino, sejam levados em consideração cinco momentos diferenciados e inter-relacionados: 1) prática social; 2) problematização; 3) instrumentalização; 4) catarse; 5) nova prática social. Ao fazer essa distinção entre os momentos do processo de ensino, o autor se remete à relação professor/aluno/conhecimento, no entanto, podemos também estabelecer a relação entre esses momentos e a formação do professor.

Para Saviani (1992, p. 80), o ponto de partida do processo de ensino deve ser sempre a **prática social**, realidade comum vivenciada pelo professor e pelos alunos, mas com uma diferença essencial do ponto de vista pedagógico, já que esses sujeitos se encontram em níveis diferentes de compreensão da prática social:

A compreensão do professor é sintética por que implica uma certa articulação dos conhecimentos e experiências que detém relativamente à prática social. Tal síntese, porém, é precária uma vez que, por mais articulados que sejam os conhecimentos e experiências, a inserção de sua própria prática pedagógica como uma dimensão da prática social envolve uma antecipação do que lhe será possível fazer com os alunos cujos níveis de compreensão ele não pode conhecer, no ponto de partida, senão de forma precária. Por seu lado, a compreensão dos alunos é sincrética uma vez que, por mais conhecimentos e experiências que detenham, sua própria condição de alunos implica uma impossibilidade, no ponto de partida, de articulação da experiência pedagógica na prática social de que participam.

Também Saviani (1992, p. 81) nos indica a necessidade de identificação dos principais problemas existentes na prática social, ou seja, uma **problematização** que pode nos ajudar a definir qual conhecimento é necessário dominar para que tais questões possam ser enfrentadas. Daí a necessidade de **instrumentalização**, ou seja, de que o sujeito se aproprie dos "instrumentos teóricos e práticos necessários ao equacionamento dos problemas detectados na prática social". Essa instrumentalização pode possibilitar que ocorra a **catarse**, a "efetiva incorporação dos instrumentos culturais, transformados agora em elementos ativos de transformação social", propiciando que se retorne à própria **prática social**. Assim, ao mesmo tempo em que "os alunos ascendem ao nível sintético em que, por suposto, já se encontrava o professor no ponto de partida, reduz-se a precariedade da síntese do professor, cuja compreensão se torna mais e mais orgânica".

A partir do resgate da compreensão de Saviani sobre a questão do método, inferimos, por meio da concepção de Soares (2007), que

a formação continuada dos professores, ou sua qualificação em serviço, pode ter como ponto de partida a prática cotidiana do professor e, a partir daí, buscar problematizá-la, identificando que conhecimentos seriam necessários para o professor se instrumentalizar teórica e praticamente, de forma que o processo de formação continuada possa contribuir para que ele retorne à sala de aula com uma compreensão mais orgânica da prática pedagógica, transformando-a qualitativamente.

Parece-nos que este é um caminho fecundo a ser seguido no sentido de organizar estes momentos/espaços citados anteriormente (a hora-atividade, a reunião pedagógica,...), de modo que seja possível contribuir para a qualificação dos professores, para a sua elevação cultural. A prática social é, ao mesmo tempo, o ponto de partida e o ponto de chegada do processo de formação, que, como diz Saviani (1992), em cada um desses momentos, é e não é a mesma. O que está em jogo é o elemento de mediação entre ambos os momentos, o acesso ao saber, ao conhecimento, que possibilite ao professor melhor compreender sua prática cotidiana para poder transformá-la de forma significativa.

De acordo com Saviani (1992) a respeito do método de ensino, consideramos possível tomá-lo como referência para pensar o processo de formação continuada dos professores. Indicamos a necessidade de o pedagogo discutir com o coletivo de profissionais da escola um plano de formação continuada que proponha metas e ações nesse âmbito, em curto, médio e longo prazo. Tal plano, elaborado coletivamente pelos profissionais envolvidos, deve estar relacionado ao PPP e pode orientar o trabalho do pedagogo na escola, implicando na definição de prioridades, de meios, de estratégias e na organização do tempo destinado aos estudos e discussões.

Digamos que, numa determinada escola, as maiores dificuldades no processo de ensino-aprendizagem estão na área de língua portuguesa, mais especificamente no período de alfabetização. Caberia, a partir de então, tomar como ponto de partida para o processo de formação continuada dos professores as próprias dificuldades encontradas na prática cotidiana e, a partir desses problemas, buscar a reflexão* sobre essa prática. Entretanto, destacamos que essa reflexão deve buscar, num sentido radical, rigoroso e de conjunto, ultrapassar o âmbito da aparência e buscar os fundamentos conceituais do problema em questão: que conhecimentos os alunos já dominam; que conhecimentos ainda não dominam; quais são as dificuldades encontradas pelo professor no desenvolvimento de seu trabalho; como tem sido elaborado o planejamento das aulas; quais metodologias têm sido utilizadas; que concepção de ensino e de aprendizagem fundamenta a prática docente.

A partir dessa **problematização** inicial, o pedagogo poderia, juntamente com o professor, identificar o que é necessário estudar para ampliar as possibilidades de atuação eficaz no processo de ensino com vistas a garantir a aprendizagem. Isso possibilitaria a **instrumentalização** teórica e prática desses profissionais.

* Para se aprofundar mais sobre esse tema, leia Saviani (1980).

Caberia, então, à equipe diretiva da escola (pedagogos e direção) sistematizar o plano de qualificação docente, submeter à discussão e apreciação do grupo, buscar os meios para que se efetive (meios esses, condicionados pelas condições concretas que a materialidade impõe). Tal plano pode ser desenvolvido a partir da seleção de textos para estudo nas horas-atividade ou reuniões pedagógicas; trazendo pessoas (professores de outras escolas ou de universidades, por exemplo) que possam contribuir fundamentando teórica e praticamente a discussão sobre o assunto; buscar a participação em cursos e eventos na área; solicitar o apoio necessário à mantenedora etc. (Soares, 2007)

Esse processo de formação continuada realizado no âmbito da escola pode possibilitar o que Saviani (1992) chama de *catarse*, ou seja, conforme já comentado, que sejam incorporados os instrumentos culturais como elementos ativos de transformação social, propiciando que se retorne à própria prática social. Nesse sentido, o professor retorna à sala de aula, à sua prática cotidiana, melhor compreendendo a sua ação pedagógica e, portanto, com a possibilidade de transformá-la qualitativamente.

Até aqui buscamos afirmar a importância da formação continuada dos professores que se realiza no âmbito da escola. É possível organizar, sistemática e intencionalmente, espaços de discussão coletiva acerca da prática pedagógica e o pedagogo tem um papel importante nesse processo.

3.2 A FUNÇÃO SUPERVISORA DO PEDAGOGO E O PLANEJAMENTO ESCOLAR

Além das ações relacionadas à formação continuada dos professo-res, a função supervisora do pedagogo está também relacionada ao processo de planejamento escolar, sendo esse profissional o responsável por coordenar a articulação e a sistematização desse processo. No que diz respeito ao planejamento escolar, vale lembrar que

> *é uma tarefa docente que inclui tanto a previsão das atividades didáticas em termos da sua organização e coordenação em face dos objetivos propostos, quanto a sua revisão e adequação no decorrer do processo de ensino. O planejamento é um meio para se programar as ações docentes, mas é também um momento de pesquisa e reflexão intimamente ligado à avaliação.*
> (Libâneo, 1991, p. 221)

A escola desenvolve, segundo Libâneo (1991, p. 221), três diferentes e inter-relacionadas modalidades de planejamento: o plano da escola, o plano de ensino e o plano de aula. Se o planejamento é sempre uma ação intencional, cabe ao pedagogo trabalhar no sentido de buscar garantir a articulação entre esses planos.

Mas, de que forma a ação supervisora desse profissional pode contribuir para a elaboração, efetivação e avaliação do planejamento escolar?

Tomando como ponto de partida o PPP da escola, é necessário que se organize coletivamente o plano desta, entendido como o plano de ação que define os objetivos, metas, ações e prazos a serem perseguidos pela escola como um todo, num determinado período (por exemplo: o ano letivo).

O pedagogo, juntamente com a direção da escola, é responsável por proporcionar os espaços em que a discussão sobre o plano da escola seja possível, envolvendo professores, funcionários, pais e alunos. Esse plano parte do diagnóstico de quais são os problemas e as necessidades da instituição no sentido de buscar superá-las para garantir a efetivação do processo de ensino-aprendizagem. Esse profissional pode contribuir para a elaboração do plano da escola por meio de determinadas ações como: levantar dados para o diagnóstico (dados sobre evasão, aprovação, repetência, estrutura física, recursos disponíveis e necessários, entre outros); subsidiar teoricamente o grupo no sentido da análise desses dados; auxiliar na sistematização das ideias propostas para organizar o plano de ação; acompanhar o desenvolvimento do plano de ação por meio da apreciação dos resultados do processo de ensino-aprendizagem, expondo os avanços e as dificuldades nesse processo e propondo redimensionamentos quando estes forem necessários.

Retomando a classificação de Libâneo (1991) a respeito das modalidades do planejamento escolar, trataremos agora sobre o plano de ensino e o plano de aula. Consideramos que o plano de ensino diz respeito à questão curricular (a organização dos conteúdos, as estratégias e os processos avaliativos em cada área do conhecimento) e o plano de aula, à organização diária do trabalho do professor visando o detalhamento do plano de ensino.

As ações do pedagogo em relação ao plano de ensino e ao plano de aula devem subsidiar o professor, teórica e metodologicamente, na elaboração tanto de um planejamento a longo prazo (o que se quer atingir em termos de aprendizagem num período determinado, seja anual, seja semestral, trimestral ou bimestral), quanto no plano de trabalho semanal e/ou diário.

Essa ação é desenvolvida na **hora-atividade** e nas **reuniões pedagógicas**, espaços privilegiados em que o pedagogo tem a possibilidade de discutir com os professores os conteúdos e encaminhamentos metodológicos das áreas do conhecimento trabalhados em cada etapa (série, ciclo, ano) do nível de ensino em questão.

O trabalho realizado com os professores nesses espaços, visando à organização e à discussão sobre o planejamento escolar, deve partir do diagnóstico da(s) turma (s) de alunos, suas dificuldades e avanços até aquele momento. Esse diagnóstico é importante para que o planejamento tome por base a realidade dos alunos e que, a partir dela, proponha encaminhamentos no sentido de propiciar a aprendizagem dos conteúdos em pauta. É necessário não perder de vista os objetivos do plano de ação da escola e as finalidades do PPP.

Ressaltamos que esse é um momento para a discussão coletiva das dificuldades e possibilidades do trabalho educativo e que o pedagogo pode contribuir para a articulação entre as diferentes áreas do conhecimento e entre as séries e turmas da escola.

Para que a discussão e a elaboração do planejamento escolar ocorra, o pedagogo pode fazer uso de estratégias diversificadas como: seleção de textos para estudo; troca de experiências entre os professores; seleção e organização de materiais (recursos pedagógicos) para o trabalho com os alunos; entre outros.

Destacamos no processo de planejamento escolar a necessária atenção à **escolha do material didático** (apostilas, livros didáticos, jogos, coletâneas de textos, livros de literatura, entre outros). Para isso, três questões precisam ser observadas:

1. **A coerência entre o material selecionado e a proposta curricular da escola**. Nesse caso, é importante que o pedagogo defina junto com os professores critérios que orientem a escolha do material. Por exemplo, no caso do livro didático, podem ser observados a qualidade dos textos; a articulação entre as unidades ou capítulos do livro; o conteúdo coerente ao plano curricular a ser desenvolvido; a qualidade das imagens, das gravuras, da diagramação; a proposta metodológica do livro adequada à concepção de educação adotada pela escola em cada área do conhecimento específica; entre outros.

2. **A participação efetiva dos professores na escolha dos materiais didáticos**. Os materiais didáticos não podem ser escolhidos apenas pela direção ou pela equipe pedagógica da escola. É necessário que os professores participem ativamente do processo de análise, escolha e avaliação do material didático

a ser utilizado, já que são eles que diretamente farão uso de tais recursos com seus alunos. Cabe ao pedagogo subsidiar teoricamente os professores na análise crítica do material didático, possibilitando-lhes elementos para a seleção mais adequada ao trabalho educativo realizado na escola.

3. **A orientação para a utilização correta e adequada do material selecionado.** Além de analisar e escolher o material didático, faz-se necessário orientações quanto ao seu uso adequado, de forma a possibilitar que o material seja explorado apropriadamente. O papel do pedagogo é de acompanhar a utilização do material pelos professores, auxiliando, quando necessário, e sugerindo estratégias metodológicas diversificadas na sua utilização.

O papel do pedagogo, portanto, é de apoio e subsídio ao trabalho do professor, acompanhando tanto a elaboração do plano de ensino e do plano de aula, quanto o desenvolvimento do trabalho a ser realizado com os alunos. Nesse sentido, sua atuação junto dos professores não se restringe a supervisionar numa perspectiva de tutela, mas de contribuir para a autonomia intelectual destes. Desse modo, pedagogo e professor tornam-se corresponsáveis pelo processo de ensino-aprendizagem. Um não se sobrepõe ao outro, mas assumem funções diferentes e importantes nesse processo.

3.3
A FUNÇÃO SUPERVISORA DO PEDAGOGO E A AVALIAÇÃO

Discutir o planejamento escolar em todas as suas dimensões implica também pensar o papel do pedagogo em relação à avaliação escolar/institucional (aquela que se refere à instituição como um todo) e à avaliação da aprendizagem. É preciso considerar que os resultados da aprendizagem dos alunos expressam as dificuldades e sucessos no trabalho realizado pelos professores e pela escola como um todo. Lembramos que, segundo Luckesi (2006, p. 28),

> *a avaliação educacional, em geral, e a avaliação da aprendizagem escolar, em particular, são meios e não fins em si mesmas, estando sempre delimitadas pela teoria e pela prática que as circunstancializam. Desse modo, entendemos que a avaliação não se dá nem se dará num vazio conceitual, mas sim dimensionada por um modelo teórico de mundo e de educação, traduzido em prática pedagógica.*

Portanto, a avaliação só tem sentido na medida em que possibilite o redimensionamento da prática pedagógica, ou seja, deve permitir a revisão dos encaminhamentos metodológicos definidos anteriormente, tendo em vista uma tomada de decisão. A avaliação, nesse sentido, tem sempre um caráter diagnóstico e não é o ponto final de um processo. Não deve também ser classificatória ou seletiva.

No que diz respeito à avaliação, cabe ao pedagogo discutir com os professores a sua forma e o seu conteúdo, ou seja, os instrumentos e os critérios para realizá-la. Assim, entendendo-se a avaliação como uma forma de acompanhamento do processo de ensino-aprendizagem, é preciso que o pedagogo defina, junto com o professor, as formas mais adequadas para a avaliação da aprendizagem: uso de portfólios*, pesquisas, provas, trabalhos individuais e em grupos, produções de texto, entre outros. Também é importante discutir sobre a necessidade de estabelecer critérios de avaliação. Segundo os Parâmetros Curriculares Nacionais – PCN (Brasil, 1997), "os critérios de avaliação têm um papel importante, pois explicitam as expectativas de aprendizagem, considerando objetivos e conteúdos propostos para a área do conhecimento, série ou ciclo."

---

* Portfólios, de modo geral, podem ser caracterizados como uma coletânea de atividades realizadas pelos alunos durante um período letivo. Esses materiais podem ser utilizados como base para análise e avaliação do processo educativo e são utilizados como forma de registro e acompanhamento do desenvolvimento escolar dos alunos.

É importante ressaltarmos que o papel do pedagogo, no que diz respeito à discussão sobre o conteúdo e às formas da avaliação da aprendizagem, ocorre durante todo o período letivo, envolvendo ações específicas em relação à organização dos processos avaliativos e a análise dos resultados obtidos. A organização dos processos avaliativos ocorre no momento em que é realizado o planejamento do processo de ensino como um todo. Portanto, é necessário pensar a avaliação vinculada à seleção dos conteúdos e dos encaminhamentos metodológicos, evitando-se, assim, uma visão dicotômica entre o ensinar e o avaliar. Já a análise dos resultados obtidos por meio dos processos avaliativos utilizados pelo professor deve ocorrer em momentos especialmente organizados para esse fim, mais especificamente, nos **conselhos de classe**. "O Conselho de Classe guarda em si a possibilidade de articular os diversos segmentos da escola e tem por objeto de estudo o processo de ensino, que é o eixo central em torno do qual desenvolve-se [sic] o processo de trabalho escolar" (Dalben, 1992, p. 16).

Importa destacar a necessária articulação entre a avaliação da aprendizagem e o processo de ensino. Os conselhos de classe fazem parte da rotina de todas as escolas, no entanto, há algum tempo existem questionamentos quanto à sua forma tradicional relacionada ao repasse dos resultados escolares (notas e comportamento dos alunos), sem que provoque real redimensionamento do trabalho pedagógico da escola. Assim, na tentativa de superar esse quadro, indicamos, com base em Dalben (1992), a possibilidade de organização dos conselhos de classe com a participação dos pais e dos alunos, bem como da direção, dos pedagogos e dos professores.

O conselho de classe participativo é compreendido como um espaço privilegiado de reflexão acerca da organização do trabalho pedagógico, capaz de impulsionar o redimensionamento da prática do professor e do trabalho coletivo que se procura realizar na escola.

Para tanto, durante os conselhos, deve-se evitar a prática de apenas "passar" o nome de cada aluno, mas os professores, junto com os alunos, podem apresentar e discutir com os pais os conteúdos que estão sendo trabalhados na escola, em cada uma das áreas do conhecimento, naquele determinado período (bimestre, trimestre e outros). Os pais convidados a participar do conselho podem opinar sobre o trabalho realizado e dar sugestões, bem como discutir os encaminhamentos da escola. O conselho de classe, nessa perspectiva, é uma "reunião" com os pais e alunos na qual estes não são meros ouvintes, mas se constituem participantes do processo de planejamento do ensino, das ações que serão encaminhadas pela escola para tentar resolver os problemas que está enfrentando (as dificuldades de ensino e de aprendizagem).

A avaliação da aprendizagem será discutida também em conselhos de classe internos (que envolvem a participação apenas dos profissionais da escola), tendo o caráter de pré ou pós-conselho participativo e podendo se realizar nas próprias horas-atividade ou em reuniões pedagógicas. Como pré-conselho, tem a finalidade de levantar os dados do processo avaliativo, ou seja, apontar os avanços e as dificuldades encontradas no período em análise. Esse levantamento inicial pode ser utilizado como referência para as discussões no conselho participativo. Na condição de pós- conselho, esse momento tem como objetivo recompor a totalidade das discussões realizadas durante o conselho participativo com vistas a (re)encaminhar o trabalho pedagógico da escola.

É o pedagogo, portanto, o responsável por organizar esses momentos de forma a coletar os dados sobre o processo avaliativo com os professores e sistematizar esses dados; subsidiar teoricamente a discussão e a análise dos dados; preparar os momentos do conselho de classe participativo junto com os professores, definindo o tempo, o espaço e as dinâmicas de discussão. Esse trabalho deve resultar numa proposta, construída coletivamente, para o redimensionamento do próprio processo de ensino, visando à aprendizagem dos alunos.

Dessa forma, a avaliação da aprendizagem deixa de ser entendida como o final do processo de ensino-aprendizagem e passa a ser compreendida como elemento inerente ao próprio processo, referindo-se ao aprender e ao ensinar. Nessa direção, a avaliação da aprendizagem é parte de um processo mais amplo de avaliação escolar/institucional. Porém, de que maneira a avaliação da aprendizagem e a avaliação institucional estão relacionadas?

Para além da avaliação do aluno, é necessário, pois, avaliar também constantemente a prática pedagógica (além do próprio contexto em que ela se insere).
Na verdade, a avaliação institucional deve abarcar todas as dimensões da escola: Pedagógica, Comunitária e Administrativa.
Devemos destacar que o caráter da avaliação institucional, assim como da aprendizagem, deve ser formativo, emancipatório. De nada adianta aumentar o campo de incidência da avaliação, se não houver uma ruptura com sua intencionalidade seletiva, punitiva. (Vasconcellos, 2007, p. 48)

A avaliação institucional visa o pensar e o repensar, sistemáticos e rigorosos, dos encaminhamentos da escola em suas dimensões pedagógica, comunitária e administrativa que, de forma articulada, têm como finalidade a garantia da efetivação do processo de ensino-aprendizagem.

Consideramos que realizar a avaliação institucional significa avaliar o próprio PPP, uma vez que esse documento expressa a direção do trabalho educativo a ser realizado na escola e norteia as ações a serem desenvolvidas pelos profissionais que nela atuam.

"Considerando a avaliação dessa forma, é possível salientar dois pontos importantes. Primeiro, a avaliação é um ato dinâmico que qualifica e oferece subsídios ao projeto político-pedagógico. Segundo, ela imprime uma direção às ações dos educadores e dos educandos" (Veiga, 1998, p. 32).

Cabe refletirmos a respeito de como a avaliação da escola como um todo pode ser realizada. De acordo com Veiga (1998, p. 32), a avaliação do PPP deve se realizar em três momentos, aqui comentados:

1. "A descrição e problematização da realidade escolar": Nesse momento, é necessário identificar os aspectos e os dados de realidade que caracterizam a instituição e as prioridades que precisam ser atendidas.
2. "A compreensão crítica da realidade descrita e problematizada": Isso implica instrumentalização teórica para que a reflexão sobre a prática seja consistente e pertinente.
3. "Proposição de alternativas de ação, momento de criação coletiva": A partir da análise crítica fundamentada, torna-se possível visualizar as alternativas de ação e escolher as estratégias mais adequadas para o enfrentamento dos problemas identificados.

O pedagogo, junto com a direção da escola, é o articulador desse processo de avaliação institucional, criando dispositivos que possibilitem a sua realização. Devem ser geradas oportunidades durante o ano letivo que propiciem a discussão coletiva da realidade escolar no sentido de buscar ações adequadas à superação das dificuldades identificadas. Isso pode ocorrer nos espaços da hora-atividade, das reuniões pedagógicas e do **conselho de escola**.

3.4 A FUNÇÃO SUPERVISORA DO PEDAGOGO E A GESTÃO DEMOCRÁTICA

De modo geral, o conselho de escola discute, delibera, normatiza, aconselha e fiscaliza as ações da escola. Ressaltamos a sua importância na definição e no acompanhamento do PPP, considerando que esse é o principal mecanismo de ação coletiva capaz de garantir a gestão democrática da escola. Nesse sentido:

> *O Conselho Escolar tem papel decisivo na democratização da educação e da escola. Ele é um importante espaço no processo de democratização, na medida em que reúne diretores, professores, funcionários, estudantes, pais e outros representantes da comunidade para discutir, definir e acompanhar o desenvolvimento do projeto político-pedagógico da escola, que deve ser visto, debatido e analisado dentro do contexto nacional e internacional em que vivemos.*
> (Brasil, 2004, p. 22)

O conselho de escola é constituído por representantes dos diferentes segmentos que compõem a organização escolar: pais, alunos, funcionários, direção, professores e pedagogos. O pedagogo, como membro do conselho de escola e representante do seu segmento, tem, entre outras tarefas, a responsabilidade de subsidiar as discussões e decisões disponibilizando informações a respeito do desenvolvimento do processo de ensino-aprendizagem na escola: projetos desenvolvidos, resultados das avaliações, dificuldades de aprendizagem, plano de formação continuada dos profissionais, entre outras.

Ao pedagogo, em conjunto com a direção da escola, cabe apresentar propostas para a organização do trabalho pedagógico da instituição, a serem analisadas e discutidas nas reuniões do conselho escolar, com o intuito de buscar construir uma proposta coletiva de trabalho. O espaço do conselho escolar pode propiciar ao pedagogo, bem como aos demais participantes, o exercício da prática democrática por meio das discussões e da busca dos consensos possíveis. Também é preciso lembrar a função do pedagogo, bem como da direção escolar, de organizar e acompanhar a execução do que for proposto e decidido pelo conselho de escola.

Síntese

Neste capítulo, tratamos sobre as ações que caracterizam a função supervisora do pedagogo escolar, ressaltando que tais ações estão relacionadas com a organização sistemática e intencional do processo de ensino. Destacamos algumas dimensões do trabalho do pedagogo relacionadas à formação continuada, ao planejamento escolar, à avaliação e à gestão democrática. Apontamos que as ações desenvolvidas por esse profissional se realizam em espaços ou momentos específicos, como a hora-atividade, as reuniões pedagógicas, o conselho de classe e o conselho de escola. Esses momentos devem estar articulados de modo a contribuir com a efetivação do PPP da escola.

Indicações culturais

Pro dia nascer feliz. Direção: João Jardim. Produção: Flávio R. Tambellini e João Jardim. Brasil: Copacabana Filmes, 2006. 88 min.

Documentário sobre a realidade escolar brasileira. Adolescentes de classes sociais distintas falam sobre seus projetos e inquietações. Os educadores também falam sobre seu cotidiano profissional, expondo um quadro complexo de desigualdades e de violência no país a partir da realidade escolar. O filme possibilita a reflexão sobre as possibilidades de atuação do pedagogo escolar em relação aos alunos e aos professores.

O sorriso de Mona Lisa. Direção: Mike Newell. Produção: Elaine Goldsmith-Thomas, Paul Schiff e Deborah Schindler EUA: Columbia Pictures, 2003. 117 min.

Filme sobre uma professora que consegue emprego num colégio conceituado para lecionar História da Arte. Incomodada com o conservadorismo da sociedade e do próprio colégio em que trabalha, decide lutar contra as normas estabelecidas e acaba inspirando suas alunas a enfrentarem os desafios da vida. O filme permite-nos a reflexão sobre o papel da educação e de seus profissionais em relação ao projeto de vida e de sociedade que temos.

Atividades de autoavaliação

1. Sobre a função supervisora do pedagogo escolar, marque (V) para a afirmação que considerar verdadeira e (F) para a que considerar falsa:

    (   ) A formação continuada, o planejamento escolar, a avaliação e a gestão democrática podem ser consideradas dimensões do trabalho do pedagogo escolar, ou seja, aspectos que constituem a organização do trabalho pedagógico da escola e para os quais o pedagogo deverá definir, organizar e desenvolver ações específicas.

    (   ) O PPP é o eixo articulador do trabalho do pedagogo, portanto, cabe a ele, no desenvolvimento de sua função supervisora, definir os dados que deverão compor esse documento a partir de suas leituras sobre a educação, e, posteriormente, escrevê-lo, garantindo a qualidade dessa escrita.

    (   ) A função supervisora do pedagogo escolar pode ser desenvolvida, entre outros espaços, na hora-atividade, nas reuniões pedagógicas, no conselho de classe e no conselho de escola.

    (   ) Pode-se afirmar que a função supervisora do pedagogo escolar é considerada muito importante porque organiza e direciona as ações dos alunos na escola.

2. Cabe ao pedagogo, na sua função supervisora, desenvolver ações voltadas à formação continuada do professor, provocando reflexões fundamentadas sobre a prática docente. Nesse sentido, assinale a alternativa que melhor explica a importância da teoria no processo de formação continuada do professor:

a) É na prática docente, nas suas ações diárias relacionadas ao processo de ensino, que a relação entre teoria e prática de fato ocorre.

b) A teoria pode permitir ao professor melhor compreender sua prática e potencializá-la.

c) É no interior da escola, na sua atuação profissional, que o professor tem a possibilidade de estabelecer relações entre os conhecimentos adquiridos nos cursos de formação inicial e continuada e a realidade escolar.

d) A teoria representa o pensamento verdadeiro sobre a prática docente.

3. Relacione a primeira coluna, que apresenta os momentos do método citado por Saviani (1992), com a segunda coluna, que se refere à formação continuada dos professores:

(A) Prática social
(B) Problematização
(C) Instrumentalização
(D) Catarse
(E) Nova prática social

( ) Momento de efetivo estudo e discussão teoricamente fundamentada sobre os problemas identificados.

( ) A realidade da sala de aula e as dificuldades encontradas no processo de ensino-aprendizagem.

( ) Momento em que o professor se apropria efetivamente daquilo que foi estudado e transforma sua compreensão a respeito da temática em questão.

( ) O professor, ao retornar a sala de aula, depois de estudar e discutir coletivamente o assunto, torna-se capaz de transformar qualitativamente a sua prática.

( ) Momento em que, ao se refletir sobre as dificuldades no processo de ensino-aprendizagem, levantam-se os problemas e as prioridades a serem estudados.

Marque a sequência correta:

a) D, A, C, E, B.
b) A, D, B, C, E.
c) C, A, E, B, D.
d) C, A, D, E, B.

4. Em uma escola X, após o conselho de classe do primeiro bimestre, o pedagogo, constatando a dificuldade dos alunos na interpretação de textos, relatada pelos professores, propôs a estes a leitura de alguns textos sobre o encaminhamento do trabalho com a leitura na escola e a revisão do plano bimestral, visando redimensionar os encaminhamentos previstos. Sobre a ação supervisora desenvolvida por esse pedagogo, pode-se afirmar que:

a) o pedagogo agiu corretamente uma vez que a ação supervisora desse profissional, em relação ao planejamento escolar, deve partir sempre de um diagnóstico da realidade pedagógica da escola, cabendo a ele a responsabilidade de subsidiar a prática pedagógica do professor de forma a garantir a efetivação do processo de ensino-aprendizagem.

b) essa atitude foi equivocada, uma vez que é responsabilidade do pedagogo garantir que o plano de ensino elaborado pelos professores seja desenvolvido e também assegurar que esse plano garanta a efetivação do processo de ensino-aprendizagem.

c) o pedagogo agiu corretamente, propondo o estudo sobre o trabalho com a leitura de forma a subsidiar o trabalho docente; no entanto, não poderia propor a revisão do planejamento do professor, uma vez que caberia a este a decisão das alterações nos encaminhamentos.

d) O pedagogo agiu corretamente, pois uma das suas principais funções na escola é supervisionar os resultados de aprendizagem dos alunos.

5. Para que a avaliação da aprendizagem deixe de ser entendida como o final do processo de ensino-aprendizagem e passe a ser compreendida como elemento inerente ao próprio processo, referindo-se ao aprender e ao ensinar, é necessário que o pedagogo desenvolva as seguintes ações:

I. Coletar e sistematizar os dados sobre o processo avaliativo.

II. Subsidiar teoricamente a discussão e a análise dos dados.

III. Convocar os pais para receber as notas dos alunos que não acompanham a turma e solicitar que se responsabilizem pelo aluno juntamente com o professor.

IV. Preparar os momentos do conselho de classe participativo.

V. Divulgar em edital os resultados de aprendizagem de todos os alunos.

Estão **incorretas** as seguintes afirmações:

a) III e V.
b) III apenas.
c) I, II e V.
d) V apenas.

Atividades de aprendizagem

Questões para reflexão

1. Para aprofundar o entendimento sobre o papel do pedagogo em relação à gestão escolar de acordo com as novas Diretrizes Curriculares Nacionais para o Curso de Pedagogia, sugerimos a leitura e a síntese do seguinte texto:

FERREIRA, Naura Syria Carapeto. Diretrizes curriculares para o curso de pedagogia no Brasil: a gestão da educação como gérmen da formação. **Educação e Sociedade**, Campinas, v.27, n. 97, dez. 2006 . Disponível em: <http://www.scielo.br/scielo.php?script=sci_arttext&pid=S0101-73302006000400013&lng=en&nrm=iso>. Acesso em: 20 jun. 2009.

2. Imagine que você é pedagogo de uma escola em que os índices de evasão e repetência estão altíssimos na área de língua portuguesa nas séries iniciais do ensino fundamental. Que ações você procuraria desenvolver, em conjunto com os professores, para enfrentar essa problemática? Que espaços/momentos existentes na escola utilizaria com esse objetivo (a hora-atividade, as reuniões pedagógicas, o conselho de classe etc.)? Registre sua reflexão.

ATIVIDADE APLICADA: PRÁTICA

Faça uma visita a uma escola e procure acompanhar a rotina de trabalho do pedagogo escolar por um dia. Que ações por ele realizadas você pôde observar e que estão relacionadas com o trabalho desenvolvido pelos professores dessa instituição? Registre suas observações.

A FUNÇÃO ORIENTADORA DO PEDAGOGO ESCOLAR

QUATRO

A função orientadora do pedagogo escolar "tem como referência, ponto de partida e ponto de chegada, a relação professor/aluno, enquanto instância fundamental, no âmbito da escola, do processo de transmissão/apropriação dos conteúdos" (Pimenta, 1995, p. 153). Nessa direção, várias ações podem ser desenvolvidas pelo pedagogo relacionadas à aprendizagem escolar, na perspectiva da democratização da escola e do conhecimento. Retomamos, neste capítulo, as dimensões do trabalho do pedagogo já abordadas quando tratamos sobre a função supervisora desse profissional: a formação continuada, o planejamento escolar, a avaliação e a gestão escolar. Reforçamos, nesse ponto, a ideia de que as especificidades do trabalho pedagógico em relação aos processos de ensino ou de aprendizagem devem ser compreendidas de forma integrada, inter-relacionando as funções supervisora e orientadora do pedagogo escolar na perspectiva da efetivação do PPP da escola.

4.1
A FUNÇÃO ORIENTADORA DO PEDAGOGO E A FORMAÇÃO CONTINUADA

Com relação à formação continuada dos professores, cabe ao pedagogo, em sua função orientadora, subsidiar o trabalho do professor no que diz respeito à instrumentalização para uma melhor compreensão de como se dá o processo de aprendizagem. Segundo Garcia (1986, p. 18-19),

> *uma das funções específicas do orientador educacional é a socialização do saber sobre o aluno, na medida em que a ele cabe trazer a realidade do aluno para o currículo. O saber sobre o aluno concreto, confrontado com as teorias do desenvolvimento e de aprendizagem, vai possibilitando a criação coletiva de uma teoria mais adequada ao aluno brasileiro, e a construção de uma prática pedagógica que atenda melhor o aluno real.*

Nesse sentido, o pedagogo pode desencadear, juntamente com os professores, estudos e discussões a respeito das teorias do desenvolvimento e da aprendizagem, de modo a respaldar as opções metodológicas adequadas ao desenvolvimento do trabalho educativo. Esses momentos de estudo podem se realizar semanalmente nas horas-atividade e nas reuniões pedagógicas. É importante lembrar que o ponto de partida para sabermos sobre o que estudar é o próprio diagnóstico sobre as dificuldades encontradas no processo de ensino-aprendizagem, elaborado com base nos resultados das avaliações da aprendizagem em cada uma das áreas do conhecimento. Esse diagnóstico é constante, realizado por meio das discussões e análise das atividades e produções escritas dos alunos, envolvendo professores e pedagogo.

Dessa forma, é tarefa do pedagogo escolar, em sua ação orientadora, identificar as dificuldades no processo de ensino-aprendizagem, buscando, em conjunto com os professores, as formas para a superação no âmbito da própria escola. A realização desse diagnóstico sobre as dificuldades no processo de ensino-aprendizagem pode ser entendida como uma investigação a respeito dos aspectos a elas relacionados. Dessa forma:

> *Cabe ao orientador educacional assessorar o professor na relação teoria/prática/realidade. É preciso criar estratégias para investigação da realidade individual dos alunos e a história dessa comunidade. Redimensionar os espaços de reuniões pedagógicas como forma de análise crítica dessa realidade diagnosticada, aprofundamento teórico e busca de superação dessa realidade, significa comprometer-se e comprometer os professores a uma ação político-pedagógica efetiva voltada às classes populares.* (Escott, 1996, p. 66)

A formação continuada realizada no interior da escola com base no diagnóstico acerca dos elementos que interferem no processo de ensino-aprendizagem pode permitir o redimensionamento da prática pedagógica e resultar em proposições metodológicas diferenciadas que busquem a superação das dificuldades enfrentadas. Ressaltamos ainda a necessidade de o pedagogo manter-se atualizado em relação aos avanços científicos, no que diz respeito às teorias do desenvolvimento e da aprendizagem, e de fazer escolhas coerentes dos referenciais que serão discutidos com o professor em relação à concepção de educação presente no PPP da escola.

A esse respeito, também lembramos a possibilidade de o pedagogo buscar apoio em profissionais de diversas áreas que atuam em outras instâncias como a Secretaria de Educação, universidades e instituições de ensino superior, no sentido de enriquecer e aprofundar as discussões realizadas na escola. Os profissionais solicitados pelo pedagogo podem, inclusive, ser convidados a vir até a escola a fim de orientar as discussões a serem realizadas. Sugerimos, para tanto, a utilização dos espaços das reuniões pedagógicas.

No campo da formação continuada dos professores, o pedagogo, em sua ação orientadora, pode ter um papel importante na reflexão sobre a identidade profissional do docente. As discussões e os estudos realizados no interior da escola sob o direcionamento do pedagogo podem contribuir para a construção da autonomia do professor.

> *Orientação vem do latim oriens, particípio presente do verbo oriri, levantar-se, ter a sua origem (origo) de...; esta raiz etimológica é muito sugestiva: diz respeito tanto ao começo quanto aos princípios (no sentido de fundamentos), buscar a origem é procurar a gênese e o caminho, ajudar o viajante a encontrar a direção [...] O orientador, até pelo lugar institucional que ocupa, pode ajudar o professor nesta construção, nesta busca de identidade profissional.*
> (Vasconcellos, 2007, p. 76)

De acordo com Soares (2008, p. 167), alguns autores[*] defendem a ideia de que, na medida em que ocorre o desenvolvimento profissional do professor, haveria a possibilidade de constituir sua identidade docente. Assim, as formas de ser, de sentir, de "estar professor" (Nóvoa, 1997) e os significados atribuídos à docência e ao trabalho na escola seriam parte dessa identidade profissional construída pelo professor no desenvolvimento de seu trabalho. A identidade docente seria resultado de variadas práticas culturais e discursivas, uma identidade construída historicamente em

---

[*] Em Soares (2008, p. 167), você encontrará quem são esses autores.

relações interculturais. Portanto, os professores constituem uma coletividade de trabalhadores que possuem uma identidade: formação específica, reconhecimento pessoal, uma categoria profissional.

Considerando que, na atualidade, essas questões estão fragilizadas em função do próprio contexto socioeconômico e político neoliberal que tem atingido a educação, promovendo "uma nova onda de desmonte da educação escolar" (Vasconcellos, 2007, p. 75), cabe ao pedagogo, em sua ação orientadora, no espaço da formação continuada dos professores, desenvolver ações e promover discussões que possibilitem o resgate coletivo da identidade do professor.

Retomamos a ideia de que as reuniões pedagógicas e os momentos de hora-atividade podem ser espaços importantes para que o pedagogo acompanhe o trabalho dos professores e o envolvimento destes nas discussões e definições que são tomadas. Nesses momentos, ele pode buscar elementos concretos sobre os entendimentos e posicionamentos dos professores que lhe possibilitem subsidiar a reflexão sobre a prática pedagógica desenvolvida na escola. Em outros termos, entendendo melhor como os professores pensam e se posicionam em relação ao processo de ensino-aprendizagem e nas relações intra e interpessoais que estabelecem no cotidiano escolar, é possível ao pedagogo exercer sua função mediadora entre aluno-professor-conhecimento a partir da realidade concreta.

4.2
A FUNÇÃO ORIENTADORA DO PEDAGOGO E O PLANEJAMENTO ESCOLAR

Com relação ao planejamento escolar, o pedagogo, em sua ação orientadora, pode, a partir do diagnóstico elaborado sobre as dificuldades encontradas no processo de ensino-aprendizagem, auxiliar o professor na seleção/organização dos conteúdos escolares e na definição dos encaminhamentos metodológicos e do processo avaliativo.

Com relação ao papel do pedagogo em sua ação orientadora no que se refere à seleção/organização dos conteúdos escolares, Pimenta (1995, p. 161) ressalta a necessidade de

> *verificar se os conteúdos ensinados levam em consideração a experiência dos alunos e o grau de conhecimentos que já possuem. Se isto ocorre, verificar de que maneira a experiência do aluno é incorporada nos novos conteúdos propostos e se tem avançado para além dela. Se isto não ocorre, quais as consequências que se pode observar. Como se dá esta incorporação (ou não) nas diferentes disciplinas.*

Há, portanto, necessidade de que a escola reconheça e tenha como ponto de partida para a seleção e a organização dos conteúdos a cultura, os valores e a concepção de vida dos alunos. Reforçamos a ideia de que "partir da realidade do aluno" não significa, de forma alguma, manter-se na sua imediaticidade, mas considerá-la como a referência da qual se parte em direção a uma compreensão mais ampliada da realidade. Considerar o conhecimento do aluno não é o mesmo que apenas reproduzir esse conhecimento. É nesse sentido que apresentamos a citação a seguir, a qual, embora longa, a nosso ver elucida a definição de um projeto de escola comprometida com a transformação social:

> *Assim, contra uma educação centrada na cultura presente no cotidiano imediato dos alunos que se constitui, na maioria dos casos, resultado da alienante cultura de massas, devemos lutar por uma educação que amplie os horizontes culturais desses alunos; contra uma educação voltada para a satisfação das necessidades imediatas e pragmáticas impostas pelo cotidiano alienado dos alunos, devemos lutar por uma educação que produza nesses alunos necessidades de nível superior, necessidades que apontem para um efetivo desenvolvimento*

da individualidade como um todo; contra uma educação apoiada em concepções do conhecimento humano como algo particularizado, fragmentado, subjetivo, relativo e parcial que, no limite, negam a possibilidade de um conhecimento objetivo e eliminam de seu vocabulário a palavra "verdade", devemos lutar por uma educação que transmita aqueles conhecimentos que, tendo sido produzidos por seres humanos concretos em momentos históricos específicos, alcançaram validade universal e, dessa forma, tornaram-se mediadores indispensáveis na compreensão da realidade social e natural o mais objetivamente que for possível no estágio histórico no qual se encontra atualmente o gênero humano. Sem esse nível de compreensão da realidade social e natural, é impossível o desenvolvimento de ações coletivas conscientemente dirigidas para a meta de superação da sociedade capitalista. (Duarte, 2001, p. 10)

O papel da escola em relação ao aluno é garantir a aprendizagem dos conhecimentos socialmente necessários em um determinado momento histórico. Conhecimentos estes que permitam ao aluno compreender a realidade social e natural e possibilitem-lhe a ação coletiva consciente na direção da construção de uma sociedade justa e igualitária. Considerando que os encaminhamentos metodológicos são os meios pelos quais se possibilita o acesso aos conhecimentos escolares, a prática pedagógica exige que sejam escolhidas as formas mais adequadas para a apropriação de determinados conteúdos. Nesse sentido, apenas a definição dos conteúdos não é suficiente, não basta por si só! O importante é que o aluno se aproprie de forma significativa desse conhecimento.

Na atuação do pedagogo em conjunto com o professor no processo de planejamento escolar, a ação orientadora se dá quando é analisado o processo de aprendizagem dos alunos. Para tanto, esse profissional precisa conhecer os avanços científicos no campo das teorias da aprendizagem e, a partir delas, buscar compreender o aluno concreto. No entanto, como ressalta Pimenta (1995, p. 173), "não se trata de moldar o aluno às teorias, mas tê-las como referencial para ir aprendendo como se dá a aprendizagem".

É na relação teoria-prática que o pedagogo e o professor podem fazer as escolhas metodológicas mais adequadas para propiciar a aprendizagem dos alunos. Por exemplo: determinado conteúdo pode ser trabalhado de forma diversificada, como por meio de aulas expositivas, desenvolvimento de pesquisas, trabalhos em grupos, entre outras. Cabe ao professor, juntamente com o pedagogo, avaliar qual dessas formas é a mais indicada para os alunos, a qual também esteja de acordo com as condições físicas, materiais e humanas da escola.

4.3
A FUNÇÃO ORIENTADORA DO PEDAGOGO E A AVALIAÇÃO

Com relação ao processo avaliativo, é preciso ressaltar que esse processo ocorre no espaço real da escola entre o professor e o aluno, sujeitos historicamente situados. É na qualidade dessa relação e das condições efetivas de trabalho na escola que pode se favorecer ou não o processo de ensino-aprendizagem.

Historicamente, no que diz respeito à avaliação da aprendizagem, a ação orientadora do pedagogo sempre esteve relacionada a algumas tarefas, entre elas: a elaboração de gráficos de rendimento e frequência escolar que poderiam servir de subsídios para alunos e professores; a participação nos conselhos de classe procurando compreender e discutir com os professores os aspectos subjetivos da aprendizagem e trazendo informações sobre o aluno que possibilitassem entender suas ações e reações. Essas tarefas ainda hoje são necessárias no sentido de organizar dados e informações a respeito da aprendizagem dos alunos. Esses dados, quando analisados, podem auxiliar no redimensionamento da prática pedagógica. Dessa forma, "avalia-se, no processo de ensinar e aprender, os aspectos que [sic] favorecem-no ou dificultam-no. Tais aspectos são do professor, do aluno, da organização e funcionamento da escola, apreendidos na sua inter-relação concreta" (Pimenta, 1995, p. 167).

Em relação ao conselho de classe participativo como uma das instâncias avaliativas, a ação orientadora do pedagogo não deve se limitar à elaboração de uma lista de alunos com dificuldades de aprendizagem ou com problemas comportamentais. Ao contrário, o pedagogo deve agir no sentido de organizar as possibilidades de participação dos alunos e dos pais no conselho de classe, bem como analisar as discussões realizadas e propor encaminhamentos.

4.4
A FUNÇÃO ORIENTADORA E A GESTÃO DEMOCRÁTICA

No campo da gestão escolar, o conselho de escola é um espaço privilegiado para a ação orientadora do pedagogo. De acordo com Vasconcellos (2007, p. 84), cabe a esse profissional incentivar os diferentes segmentos que compõem o conselho de escola a explicitar suas percepções do cotidiano da instituição, confrontando diferentes pontos de vista para, a partir deles, possibilitar a definição de um encaminhamento comum para a organização do trabalho pedagógico.

Também é parte do trabalho do pedagogo incentivar e subsidiar a participação dos integrantes do conselho de escola, bem como discutir com eles sobre o entendimento de representatividade numa perspectiva democrática: "é preciso incentivar a participação, bem como manter um vínculo mais orgânico entre representante-representados, pois alguns membros, depois de eleitos, passam a falar por si, sem ter o cuidado de dialogar com seus pares" (Vasconcellos, 2007, p. 84). Assim, o pedagogo pode orientar as relações e contribuir para garantir o diálogo no interior do conselho, uma vez que a cultura da participação ainda não está instaurada na nossa sociedade de forma efetiva.

De modo mais amplo, em relação à ação orientadora do pedagogo no conselho de escola, frisamos a importância de seu papel na mobilização da comunidade escolar na luta por um ensino de qualidade, visando estimular e promover iniciativas que possibilitem a participação e a democratização das relações na escola.

4.5
OUTRAS AÇÕES RELACIONADAS À FUNÇÃO ORIENTADORA DO PEDAGOGO

A função orientadora do pedagogo escolar está relacionada também a outros aspectos, os quais dizem respeito aos alunos da instituição escolar. Nessa perspectiva, algumas ações específicas podem ser indicadas:

- a organização da representatividade estudantil;
- o processo de inclusão dos alunos com deficiência e necessidade educativa especial;
- a orientação de estudos;
- a orientação profissional;
- a avaliação e o encaminhamento de alunos com dificuldades de aprendizagem para atendimento especializado e serviços de apoio pedagógico;
- a definição de critérios para a composição das turmas e para a escolha de professores para cada uma delas;
- a discussão e o encaminhamentos sobre a questão disciplinar.

4.5.1
A ORGANIZAÇÃO DA REPRESENTATIVIDADE ESTUDANTIL

Com relação à organização da representatividade estudantil, destacamos a ação do pedagogo em orientar e possibilitar a organização dos alunos para a participação na vida escolar em seus diversos âmbitos ou, como diz Vasconcellos (2007, p. 77), "da sala de aula até o relacionamento com a comunidade, da discussão da proposta de conteúdos à elaboração do projeto político-pedagógico, da elaboração das normas de trabalho em sala de aula às normas de convivência da escola, da prática didática cotidiana às decisões no Conselho de Escola etc."

Dessa forma, o pedagogo pode colaborar para que os alunos visualizem possibilidades para expressar suas opiniões, seus posicionamentos, suas defesas e críticas em relação à organização do trabalho pedagógico da escola. Como sujeitos do processo de ensino-aprendizagem, os alunos têm a possibilidade de perceber de forma específica as relações nas quais estão inseridos. O "ponto de vista" destes precisa ser considerado pelos profissionais que trabalham na instituição escolar, pois essa participação pode contribuir para a formação de indivíduos críticos, com capacidade de liderança. Para Gramsci (1979, p. 137), é preciso que a escola trabalhe tendo como horizonte a formação de um homem capaz de pensar, de estudar, de dirigir ou de controlar quem dirige, pois cada um deve ser colocado, pelo menos abstratamente, na condição de se tornar governante.

A ação orientadora do pedagogo escolar em relação à representatividade dos alunos pode se dar na escolha dos representantes de classe, no incentivo para a organização do grêmio estudantil, na organização para a participação nos conselhos de classe e no conselho de escola.

Ressaltamos a importância do incentivo e a necessidade de se criar condições (espaço disponível na escola, acesso a informações, disponibilidade de tempo para o trabalho etc.) para que os alunos possam organizar o grêmio estudantil. O grêmio é a entidade de representação dos interesses dos estudantes na instituição escolar. Por meio dele, os alunos podem discutir questões diversas, fazer proposições e desenvolver ações coletivas no ambiente da escola e na comunidade. Nessa direção, esse pode ser um espaço importante de aprendizagem e cidadania, possibilitando a vivência democrática no interior da própria escola.

4.5.2
O PROCESSO DE INCLUSÃO

Com relação ao papel do pedagogo no que diz respeito ao **processo de inclusão** dos alunos com deficiência e necessidade educativa especial, destacamos que essa é uma questão polêmica na atualidade, no campo das políticas educacionais. Muito tem sido discutido a respeito da necessidade de que a inclusão desses alunos no ensino regular aconteça de forma responsável e com qualidade, evitando, dessa forma, que o aluno não seja, de fato, excluído por não ter as condições adequadas para ao seu atendimento. Apresentamos, a seguir, algumas questões importantes para se pensar a esse respeito:

- É possível falar em inclusão das pessoas com necessidades educativas especiais na sociedade capitalista tal como ela está organizada hoje?
- Seria necessário falar de inclusão se a sociedade estivesse organizada sob outra lógica?
- A escola que se tem hoje dá conta de incluir as pessoas com necessidades educativas especiais?
- O professor do ensino regular está preparado para ensinar aos alunos com necessidades educativas especiais e aos demais alunos ao mesmo tempo?
- A comunidade escolar possui suficiente compreensão do problema da inclusão para lidar com ele sem discriminações e preconceitos?
- Faz parte da "nossa" cultura a prática da solidariedade e o respeito pela diversidade?

- Em que condições a cidadania do indivíduo comum é considerada? Em que medida os direitos de cidadão, proclamados pelas leis, são devidamente respeitados?

Essas são algumas questões que podem nortear as ações do pedagogo no sentido de este trabalhar com a perspectiva inclusiva na escola. Tais questões apontam desafios a serem enfrentados e a necessidade de que essa temática seja discutida coletivamente e contemplada no PPP como uma questão inerente à própria concepção de educação e aprendizagem perseguida pela escola.

Nesse sentido, as ações do pedagogo para o processo de inclusão devem estar direcionadas para a busca, em conjunto com a mantenedora, da garantia do acesso à aprendizagem no que se refere aos recursos físicos (adequação do prédio e do mobiliário), materiais (recursos pedagógicos específicos, por exemplo, textos ampliados para aluno com baixa visão) e humanos (professores com formação adequada e serviços especializados como fonoaudiologia, psicologia, neurologia, fisioterapia, entre outros).

Cabe ao pedagogo o acompanhamento sistemático do processo de ensino-aprendizagem desse aluno, observando os resultados obtidos nas avaliações realizadas e a sua integração na turma da qual faz parte e na escola como um todo. A partir dessas observações, é preciso discutir com os professores as alterações necessárias nos encaminhamentos metodológicos, de forma a promover o avanço no processo de aquisição do conhecimento por esse aluno.

O pedagogo também deve estabelecer um vínculo com a família do aluno, o qual possibilite conhecê-lo melhor e definir ações conjuntas e articuladas visando ao atendimento adequado das necessidades do educando.

Numa perspectiva inclusiva, faz-se necessário o desenvolvimento de um trabalho com a comunidade em relação a essa temática, até porque, na atualidade, ainda vivemos numa sociedade em que nem sempre a diversidade em relação às características humanas é aceita e compreendida por todos. Nesse sentido, também pode ser necessário um trabalho visando à integração do aluno com os colegas, professores e funcionários da escola.

4.5.3

A ORIENTAÇÃO DE ESTUDOS

A orientação de estudos é também uma atividade importante a ser realizada pelo pedagogo com os alunos, pois a aprendizagem exige esforço e disciplina intelectual e física, o que não é algo espontâneo, muito menos natural, pois requer direcionamento e aprendizagem da própria forma de estudar. Os alunos necessitam de orientações a esse respeito para criar hábitos de estudo, no sentido de desenvolver uma postura favorável à aprendizagem. Dessa forma, o pedagogo pode indicar a eles estratégias e técnicas de estudo e organização da vida escolar (estabelecer horários para estudar, local adequado, formas de registro, organização de resumos e sínteses das aulas, entre outras). Ao subsidiar os alunos para que realizem seus estudos de forma adequada e produtiva, precisa considerar as condições objetivas, reais, em que eles e a escola se inserem, de modo que tais estratégias de estudo sejam viáveis.

Será necessário então, ao pedagogo, conhecer como o aluno aprende e quais os fatores que podem favorecer a sua aprendizagem. Em se tratando de criar hábitos de estudo nos alunos, é preciso também orientar os pais ou responsáveis a respeito dessa necessidade e das formas mais adequadas de fazê-lo. Para tanto, o pedagogo pode organizar palestras ou ciclos de estudos com os pais de forma a buscar conscientizá-los a respeito da importância do acompanhamento do processo de aprendizagem dos filhos. Essas ações visam, em longo prazo, colaborar para que os alunos desenvolvam a autonomia intelectual necessária à continuidade de seus estudos.

4.5.4
A ORIENTAÇÃO PROFISSIONAL

A orientação profissional é outra ação específica do pedagogo escolar, a qual visa auxiliar os alunos no período de conclusão do ensino fundamental ou do ensino médio na difícil tarefa de escolher uma profissão. Há algum tempo esse serviço também era chamado de *orientação vocacional* e realizado com base em testes psicológicos que procuravam identificar as aptidões dos jovens em relação às diferentes áreas do trabalho. De acordo com Vasconcellos (2007, p. 78):

> *O trabalho de **orientação vocacional** é um dos campos clássicos de atuação do orientador e uma frente da maior importância, sobretudo nos conturbados dias correntes: os jovens estão profundamente desorientados, não compreendendo o que está acontecendo com eles, com a escola e sua relação com a sociedade; muitos começam a perceber que o diploma já não é garantia de "lugar ao sol", como parecia ser a até alguns anos atrás; outros tantos se angustiam ao verem o terreno minado que é o mercado de trabalho, com tanta competição e hiperindividualismo.* [grifo do original]

O mesmo autor aponta a necessidade de olharmos com cuidado para a "orientação profissional", a qual pode ser realizada pelo pedagogo com os jovens alunos. É preciso abordar a temática da escolha profissional de forma crítica e contextualizada, pois, em outra direção, alguns educadores apontam para a empregabilidade ou para o empreendedorismo: "por falta de análise crítica, tais visões acabam por quase que introjetar a culpa pelo fracasso na própria vítima ou criar uma expectativa alienada, na medida em que o modelo social não é posto em questão" (Vasconcellos, 2007, p. 78).

Assim, é preciso que o pedagogo escolar, em sua ação orientadora, desenvolva ações conjuntas com a direção da escola e os professores que atuam com esses jovens alunos, no sentido de situá-los em relação ao mundo do trabalho atual. Isso envolve a necessidade de se discutir desde os impactos do desenvolvimento da ciência e das tecnologias da informação e da comunicação sobre a sociedade contemporânea, até as interferências da chamada *globalização econômica*, da reestruturação produtiva e das políticas neoliberais sob as novas demandas sociais em relação ao campo das profissões. Nessa direção, Vasconcellos (2007, p. 79) afirma que:

> *Está colocada uma grande contradição, uma vez que, do ponto de vista do avanço das forças produtivas, seria possível, por exemplo, o pleno emprego, a redução da jornada de trabalho, a liberação humana do trabalho mecânico e repetitivo, todavia o macromodelo econômico e social impõe a acumulação vertiginosa de uns poucos, a formação de grandes conglomerados empresariais, o desemprego em massa, a profunda desigualdade nas relações entre as nações, o aniquilamento dos direitos sociais em nome do* **Estado mínimo***.* [grifo do original]

Nesse terreno conflituoso e contraditório, do modo de produção da vida humana sob o capitalismo, é que se põe a necessidade de discutir com os jovens alunos as possibilidades e limites em relação às futuras escolhas profissionais. É necessário que os profissionais que atuam com esses alunos na instituição escolar estejam atualizados e acompanhem o movimento das profissões na atualidade: as novas; as que estão em declínio; as mais procuradas; as para as quais existe amplo campo de atuação; as melhor remuneradas; entre outros aspectos.

Cabe ao pedagogo escolar, em sua ação orientadora, atuar juntamente com os professores no sentido do planejamento do ensino para abordar os aspectos referentes às profissões e ao mundo do trabalho na atualidade. Para tanto, a escola também pode preparar eventos como "feiras de profissões", palestras com profissionais que já atuam em diversas áreas e debates com os alunos para que eles possam levantar suas dúvidas, ansiedades e buscar respostas na direção das escolhas mais adequadas.

4.5.5
AVALIAÇÃO E ENCAMINHAMENTO DE ALUNOS

O pedagogo escolar, em sua ação orientadora, também atua na avaliação e encaminhamento de alunos com dificuldade de aprendizagem para atendimento especializado e serviços de apoio pedagógico. Com relação a esse aspecto da atuação do pedagogo, Vasconcellos (2007, p. 80) ressalta que:

> *Um aspecto importante do trabalho da orientação é de deixar de dar* status *científico à discriminação feita em relação aos alunos, como acontecia até há algum tempo: diante de qualquer problema, o professor já rotulava o aluno ("problemas neurológicos", "défict de atenção", "hiperatividade", etc.) e contava com o endosso da orientação... Tal prática alimentava uma outra distorção: a "síndrome de encaminhamento" (prática de mandar aluno para a orientação ou direção para que "dessem um jeito"), que, por sua vez, provocava outra síndrome: a do "chamamento" (ficar convocando os pais para dizer que "o filho tem problema").*

Portanto, não é nesse sentido que enfatizamos o papel do pedagogo em fazer encaminhamentos dos alunos com dificuldades de aprendizagem para atendimentos especializados e serviços de apoio pedagógico. Em outra direção, destacamos o papel desse profissional em auxiliar os professores na busca da compreensão teoricamente fundamentada do que se considera "dificuldade de aprendizagem" e de que forma a escola pode lidar com esses problemas em conjunto com a família do aluno e com o apoio de outros profissionais que estão, muitas vezes, além do âmbito escolar: psicólogos, fonoaudiólogos, neurologistas, fisioterapeutas entre outros.

No que se refere à identificação das dificuldades específicas de aprendizagem, Pimenta (1995, p. 152) afirma que "é importante eliminar-se o conceito de normalidade enquanto parâmetro de interpretação do que é dificuldade". A autora explica que o conceito de normalidade tem sido formulado a partir de concepções ideais do aluno que aprende. Nesse sentido, seria necessário recorrer aos estudos científicos na área da psicologia, colocando-a (a normalidade) a "serviço da apreensão do modo de ser concreto dos alunos e não se utilizar de esquemas apriorísticos de classificações."

A identificação das dificuldades de aprendizagem é uma ação do pedagogo escolar em conjunto com os professores, mas, além disso, é preciso apontar as formas de intervenção e superação dessas dificuldades em direção à garantia do direito do aluno de aprender. Sabemos que, não raro, a atuação do pedagogo em relação aos encaminhamentos dos alunos para atendimentos especializados e serviços de apoio pedagógico (como, por exemplo, salas de recursos) acaba sendo limitada pela realidade das condições socioeconômicas destes ou da própria rede de ensino que os atende. Muitas vezes, no caso do Brasil, os municípios não têm a oferta desses serviços ou, quando eles existem, não ocorrem com a qualidade e em quantidade suficiente para atender a demanda. Tal constatação leva-nos a necessária discussão a respeito das políticas públicas nessa área.

4.5.6
A DEFINIÇÃO DE CRITÉRIOS PARA A COMPOSIÇÃO DAS TURMAS E PARA A ESCOLHA DE PROFESSORES

Além das ações até aqui indicadas, o pedagogo escolar pode ter um papel fundamental na definição de critérios para a composição das turmas e para a escolha de professores a cada uma delas. Com relação à definição de critérios para a composição das turmas, é importante a ação orientadora do pedagogo no sentido de discutir com os profissionais da escola a necessidade de que se estabeleçam critérios baseados em princípios pedagógicos, e não apenas administrativos ou burocráticos.

Quando são realizadas as matrículas de cada turma de alunos para um determinado período letivo, é preciso que isso não aconteça de forma aleatória, mas que o conjunto de profissionais da escola reflita sobre os motivos que levam a agrupar os alunos:
- As turmas são organizadas apenas considerando a série ou nível do ensino que os alunos irão cursar?
- Levam-se em conta as faixas etárias dos alunos?
- Busca-se conhecer o histórico da aprendizagem dos alunos para propor turmas mais ou menos heterogêneas?
- Agrupam-se alunos repetentes e com dificuldades de aprendizagem em determinadas turmas e em outras apenas os considerados com boa aprendizagem?
- São definidos critérios com relação ao número máximo de alunos em cada turma?

Essas são apenas algumas das questões que podem nortear a discussão a respeito dos critérios para a organização das turmas de alunos na escola. O estabelecimento desses critérios pode evitar que a organização destas se constitua num mecanismo uniformizador e seletivo no interior da escola. É tarefa do pedagogo orientar e subsidiar teoricamente essa discussão, bem como acompanhar o trabalho realizado com cada uma das turmas durante o período letivo, de modo a avaliar a escolha de tais critérios e a necessidade de sua reformulação.

O pedagogo também deve orientar e subsidiar a elaboração de critérios para a escolha dos professores que atuarão com cada uma das turmas e disciplinas. O estabelecimento desses critérios é necessário para evitar práticas corporativistas e pouco democráticas relacionadas às escolhas de turmas, que tradicionalmente baseiam-se apenas no tempo de serviço do professor na escola. Dessa forma, muitas vezes os professores mais novos, que estão iniciando o trabalho na escola, acabam "ficando" com as turmas que "sobram", muitas vezes as séries iniciais, o período de alfabetização ou mesmo aquelas com um maior número de alunos com dificuldades de aprendizagem ou problemas de comportamento. Nesses casos, não existe uma discussão séria e comprometida com a finalidade da escola de garantir a aprendizagem dos alunos. Sugerimos aqui três aspectos para serem pensados na elaboração dos critérios para a escolha das turmas:

- Considerar a área de formação do docente em relação à turma e disciplina que irá lecionar.
- Considerar a experiência anterior do professor, para além do tempo de serviço dele na escola.
- Dar preferência aos professores que tiverem interesse em acompanhar seus alunos por mais de um período letivo, buscando a continuidade no trabalho que já começou a ser desenvolvido.

Os aspectos apresentados (a formação, a experiência docente e a continuidade de um trabalho iniciado) devem ser pensados com base na realidade específica da escola. Entretanto, o que gostaríamos de reforçar é a ideia de que os critérios, tanto para a organização das turmas na escola, quanto para a escolha dos professores que atuarão com cada uma delas, devem ser, sobretudo, pedagógicos. Critérios que levem em conta, em primeiro lugar, a busca da efetivação do processo de ensino-aprendizagem com qualidade.

4.5.7
A QUESTÃO DISCIPLINAR

Uma última ação* a ser destacada no âmbito de trabalho do pedagogo escolar, mas não menos importante, é a questão da orientação

---

*   Ressaltamos que essa é a última ação por nós destacada neste livro. Entretanto, isso não significa que não existam outras ações do pedagogo que possam vir a ser identificadas, uma vez que nossa abordagem não pretende, e nem teria como (em função dos próprios limites de uma produção textual que é sempre datada histórica e culturalmente), esgotar a discussão a esse respeito.

disciplinar, ou seja, a atuação desse profissional nas questões consideradas comportamentais, muitas vezes na escola tidas como problemas de "indisciplina". Esse foi, por muito tempo, o foco da atuação do orientador educacional, sendo este visto como "a solução" para as questões de indisciplina na escola ou, então, questionado por sua "incapacidade" em não resolvê-las. Todavia, procuraremos retomar essa questão em um outro patamar de discussão, pois, em nosso entendimento, não basta discutir ou procurar enfrentar os problemas de "indisciplina" dos alunos, é preciso ir além e buscar entender o que é a disciplina e de que forma ela se faz necessária no processo de ensino-aprendizagem e para o desenvolvimento integral do aluno.

Para melhor entender o que é a disciplina e o que ela representa na escola, recorremos novamente às ideias do filósofo italiano Antonio Gramsci. De acordo com esse autor, a escola* tem um papel importante no sentido de contribuir para que o aluno possa desenvolver sua autonomia moral e intelectual, colaborando para a construção da sua autodisciplina. Por esse motivo, Gramsci ressalta a importância de certa orientação dogmática nos primeiros anos escolares, pois esse autor é contra toda forma de espontaneísmo: "O problema didático a resolver é o de temperar e fecundar a orientação dogmática que não pode deixar de existir nestes primeiros anos" (Gramsci, 1991, p. 122).

Esse autor deixa claro que, no início da vida escolar, a criança precisa de certa dose de coerção e dogmatismo ou, melhor dizendo, de disciplina. No entanto, em Gramsci, a disciplina vai além de uma visão meramente autoritária: superando o ensino tradicional,

---

* Gramsci propõe, numa perspectiva socialista, uma escola unitária. A escola unitária é uma escola para uma sociedade diferente, justa, com relações sociais e econômicas igualitárias. Ele propõe uma escola "unitária", que seja profissional e humanista ao mesmo tempo, que forme homens diferentes, que não sejam homens de "casos específicos", de uma "única atividade", mas que sejam completos. A escola gramsciana só é possível em uma sociedade socialista, pois a escola, como qualquer outra instituição, reflete as relações sociais em que está inserida. A esse respeito, consulte Manacorda (1990).

essa orientação dogmática deveria ser "temperada e fecunda", no sentido de entender que apenas por esse caminho se chegará, mais tarde, à autodisciplina e à autonomia, atingindo uma fase de maturidade intelectual.

Para o autor, a disciplina diretiva, indispensável principalmente antes da puberdade, será válida desde que resultante da própria necessidade de organização para atingir os fins propostos. Em Gramsci, a disciplina tem um sentido diferente do tradicional, pois não se opõe à prática da liberdade, já que "disciplinar-se é tornar-se independente e livre". A disciplina não pode ser imposta arbitrariamente, mas as normas devem ser construídas com a participação de todos os componentes da coletividade. As normas disciplinares não deverão apenas ser aceitas passivamente, mas assimiladas lúcida e conscientemente em prol da ação a ser realizada. Numa perspectiva gramsciana, a disciplina está relacionada ao conceito de autonomia, que deve ser entendido como capacidade de autocontrole e de autodeterminação, fundamentos da vida social.

A partir das ideias de Gramsci, podemos inferir que a disciplina não pode ser discutida como se fosse um elemento isolado no conjunto de determinações do processo de ensino-aprendizagem, ela está intimamente ligada à forma como a escola organiza e desenvolve o seu trabalho e, portanto, envolve todos os seus segmentos: diretores, professores, pedagogos, funcionários, pais e alunos.

A disciplina é fator inerente à organização da escola como um todo. Com relação ao processo de ensino-aprendizagem, que envolve de forma específica a relação professor-aluno, é preciso entender que a participação ativa dos alunos nesse processo não significa falta de direcionamento por parte do professor, mas uma assimilação viva e atuante do conhecimento pelos alunos. Assim, o simples fato de o aluno obedecer às normas estabelecidas pela escola e pelo professor não pode ser entendido como disciplina. A disciplina não é estabelecida com medidas disciplinares, mas a partir da organização de todo o trabalho pedagógico, como o resultado do conjunto de determinações que atuam sobre o aluno.

A disciplina não pode ser imposta arbitrariamente, mas as normas devem ser construídas com a participação de todas as pessoas envolvidas, o que implica discussão e flexibilidade no sentido de sua aplicação. Nessa visão de construção da disciplina, é fundamental ter a compreensão de que o tempo utilizado na sua discussão é parte do processo, pois acreditamos que a disciplina, ao ser estabelecida coletivamente, tem maior possibilidade de se efetivar.

Ante essa concepção, ocorre a superação da visão de disciplina como aceitação passiva de ordens, para uma assimilação consciente e lúcida da ação que se deve realizar. Dessa forma, o pedagogo, em sua ação orientadora, tem o papel de discutir com professores e alunos sobre a necessidade da disciplina para atingir os fins propostos pelo trabalho educativo. Ela diz respeito à definição e ao cumprimento de regras que se referem ao funcionamento da escola como um todo e às relações que se estabelecem nesse espaço, bem como à autonomia intelectual que o aluno deve desenvolver gradativamente no processo de aprender.

O pedagogo, ao se deparar com a questão da (in)disciplina na escola, precisa suscitar a discussão coletiva, remetendo-a à necessária retomada dessa questão em relação às definições que constam no PPP dessa instituição. Portanto, mais do que discutir os problemas de indisciplina na escola como fatos isolados e individuais (seja em relação ao aluno indisciplinado, seja em relação à turma indisciplinada), é necessário discutir suas causas de forma mais ampla e relacionadas à própria organização do trabalho pedagógico como um todo. É preciso evitar a busca por culpados (o aluno, a família, o professor, o pedagogo), mas procurar soluções no coletivo da escola. Assim, a disciplina não é entendida apenas como pressuposto para que a aprendizagem ocorra, mas também como resultado do próprio processo do trabalho educativo. Ou seja, quando os alunos estão envolvidos e interessados naquilo que a escola está propondo, a disciplina pode vir a ser consequência do trabalho realizado.

SÍNTESE

Vimos, neste capítulo, as ações que caracterizam a função orientadora do pedagogo escolar, ressaltando que tais ações estão mais diretamente voltadas à relação professor-aluno. Para tanto, destacamos algumas ações do trabalho do pedagogo relacionadas à formação continuada, ao planejamento escolar, à avaliação e à gestão democrática. Também destacamos a ação orientadora do pedagogo em relação à organização da representatividade estudantil; ao processo de inclusão dos alunos com deficiência e à necessidade educativa especial; à orientação de estudos; à orientação profissional; à avaliação e ao encaminhamento de alunos com dificuldade de aprendizagem para atendimento especializado e serviços de apoio pedagógico; à definição de critérios para a composição das turmas e escolha de professores para cada uma delas; à discussão e ao encaminhamentos sobre a questão disciplinar.

INDICAÇÕES CULTURAIS:

Escritores da liberdade. Direção: Richard Lagravenese. Produção: Danny DeVito, Michael Shamberg e Stacey Sher. EUA: Paramount Pictures, 2007. 122 min.

Filme que retrata o trabalho de uma professora em uma escola de periferia nos EUA. Trata sobre as dificuldades encontradas na realização do trabalho educativo em uma turma de jovens envolvidos com vários problemas sociais. Vale a pena prestar atenção nas relações interpessoais (relações estabelecidas entre os alunos, entre os educadores e entre alunos e educadores) que se desenvolvem no interior da escola e analisar de que forma elas contribuem ou não para a ampliação das possibilidades de aprendizagem dos alunos.

Meu nome é Rádio. Direção: Michael Tollin. Produção: Herb Gains, Brian O'Keefe e Michael Tollin. EUA: Columbia Pictures, 2003. 109 min.

Filme interessante para discutir na escola a questão da diversidade, um dos focos da atuação do pedagogo em sua ação orientadora. Com base em um fato real, o filme auxilia na discussão a respeito da inclusão de pessoas com necessidades educacionais especiais.

Atividades de autoavaliação

1. O pedagogo, em sua função orientadora, pode, nas atividades de formação continuada, subsidiar o trabalho do professor no que diz respeito à instrumentalização para uma melhor compreensão:
    a) da organização burocrática da escola.
    b) das dificuldades metodológicas do professor.
    c) das necessidades das famílias dos alunos.
    d) de como se dá o processo de aprendizagem.

2. Sobre a função orientadora do pedagogo escolar, marque (V) para as afirmações verdadeiras e (F) para as afirmações falsas:
    (   ) É parte do trabalho do pedagogo incentivar e subsidiar a participação dos integrantes do conselho de escola e discutir com eles o entendimento de representatividade numa perspectiva democrática.
    (   ) A função orientadora do pedagogo escolar tem como referência a relação família e escola.
    (   ) Em relação ao processo de inclusão, cabe ao pedagogo o acompanhamento sistemático do processo de ensino-aprendizagem do aluno, observando os resultados obtidos nas avaliações realizadas, a sua integração na turma da qual faz parte e na escola como um todo.
    (   ) O pedagogo, na sua função orientadora, deve auxiliar os

professores na busca da compreensão teoricamente fundamentada do que se considera "dificuldade de aprendizagem" e discutir de que forma a escola pode lidar com esses problemas em conjunto com a família do aluno e com o apoio de outros profissionais.

3. Sobre a (in)disciplina na escola é **incorreto** afirmar:

    a) O pedagogo, ao se deparar com a questão da (in)disciplina na escola, precisa suscitar a discussão coletiva sobre essa questão.

    b) Para discutir sobre as questões relacionadas à disciplina é necessário se reportar ao PPP da escola.

    c) É muito importante discutir os problemas de indisciplina na escola como fatos isolados e individuais (seja em relação ao aluno indisciplinado ou à turma indisciplinada) para preservar eticamente os envolvidos.

    d) Para trabalhar com as questões de disciplina é preciso evitar a busca por culpados (o aluno, a família, o professor, o pedagogo) e procurar soluções no coletivo da escola.

4. Qual das alternativas a seguir corresponde à afirmação: "A disciplina não é entendida apenas como pressuposto para que a aprendizagem ocorra, ela é também resultado do próprio processo do trabalho educativo"?

    a) Se os alunos apresentam problemas de in(disciplina), muito provavelmente o professor é o principal responsável, uma vez que cabe a ele o desenvolvimento pedagógico da escola com qualidade.

    b) Quando os alunos estão envolvidos e interessados naquilo que a escola está propondo, a disciplina pode vir a ser consequência do trabalho.

    c) Sem disciplina não é possível ocorrer a aprendizagem,

portanto, cabe ao professor e ao orientador encontrarem mecanismos para controlar e adequar o aluno ao processo educativo da escola.

d) A aprendizagem só pode ocorrer se o professor desenvolver um bom trabalho educativo.

5. Marque a alternativa em que todas as atividades citadas correspondem à função orientadora do pedagogo escolar:

   a) Formação continuada do professor; controle do planejamento escolar; avaliação diagnóstica dos alunos.

   b) Organização da representatividade estudantil; acompanhamento do processo de inclusão dos alunos com deficiência e necessidade educativa especial; orientação de estudos.

   c) Definição de critérios para a composição das turmas e para a escolha de professores em cada turma; discussão e encaminhamentos sobre a questão disciplinar; produção individual do PPP.

   d) Orientação para a elaboração do planejamento escolar; acompanhamento da avaliação da aprendizagem; definição da gestão democrática.

Atividades de aprendizagem

Questões para reflexão

1. A partir da leitura deste capítulo, reflita sobre as diferentes ações que podem ser desenvolvidas pelo pedagogo escolar em relação ao trabalho que ele realiza com os alunos de uma determinada instituição. Converse com seus colegas a respeito de quais dessas ações são as mais difíceis e por quais motivos. Registre uma síntese da discussão realizada.

2. Como pedagogo escolar, como você realizaria um trabalho com os alunos no sentido de auxiliá-los a organizar um grêmio estudantil? Você considera que essa é uma ação importante no âmbito escolar? Justifique.

ATIVIDADE APLICADA: PRÁTICA

Converse com crianças ou adolescentes que estudem em escolas próximas à localidade em que você reside e pergunte a eles sobre ações desenvolvidas na escola em relação a eles: se existe grêmio estudantil ou alguma forma de representação dos alunos; se eles participam do conselho de classe ou do conselho de escola; se a escola realiza projetos diferenciados em que eles estejam envolvidos etc. Registre a síntese da sua conversa e relacione com o papel do pedagogo em sua função orientadora.

Considerações Finais

Neste livro, tivemos por objetivo discutir a respeito do trabalho do pedagogo escolar como um profissional importante na busca da unitariedade do trabalho educativo realizado na escola. Utilizamos aqui o conceito de **unitariedade** em contraposição ao de **fragmentação**. Conforme Kuenzer (2002b, p. 57), "do paradigma taylorista/fordista decorrem várias modalidades de fragmentação no trabalho pedagógico, escolar e não escolar, que se constituem na expressão da divisão entre classes sociais no capitalismo". Entre as modalidades de fragmentação no trabalho pedagógico, a autora cita a fragmentação do trabalho dos pedagogos ao longo da história dessa profissão no Brasil. Ela ainda indica que *a práxis pedagógica, em seu movimento, é totalidade concreta, onde partes e todo se relacionam dialeticamente. Contudo, por se dar no capitalismo, essa práxis é fragmentária, por se dar à luz das demandas do disciplinamento capitalista. E essa fragmentação não se supera no campo da formação, senão no campo da luta de classes.* (Kuenzer, 2002b, p. 69)

Assim, para esse trabalho sobre o pedagogo escolar, retomamos a forma como essa profissão se constituiu historicamente e como sua atuação sofreu modificações ao longo da história da educação brasileira. Procuramos deixar claro que o papel do pedagogo escolar não pode ser entendido senão de forma contextualizada, no âmbito da sociedade capitalista em que está inserido. Nesse sentido, ao serem abordados aspectos referentes à atuação desse profissional na escola, remetemo-nos necessariamente à questão do conhecimento elaborado/científico e sua relação com a instituição escolar.

Consideramos, desde o início deste livro, que a educação é uma prática social complexa, diz respeito aos processos de transmissão-assimilação de conhecimentos, valores, crenças e ideias de geração à geração. A escola, por sua vez, é uma instituição específica que, a partir da modernidade, passou a ser a forma dominante de educação formal, sistemática, intencional. Por meio do trabalho educativo realizado nessa instituição, homens e mulheres têm buscado assegurar às novas gerações o acesso ao conjunto da produção humana, condição para o desenvolvimento de sua própria humanidade.

A educação está, portanto, relacionada à questão do conhecimento e aos processos de sua produção e socialização no decorrer da história humana. E o trabalho educativo se constitui um conjunto das práticas sociais, intencionais e sistematizadas de formação humana, que ocorre nas relações sociais de acordo com cada fase específica de desenvolvimento das forças produtivas numa determinada sociedade.

Em relação à constituição histórica do papel do pedagogo, buscamos demonstrar que tanto sua função supervisora, quanto sua função orientadora originaram-se relacionadas ao modo de produção capitalista. Nesse contexto, esse profissional assumiu historicamente as tarefas decisórias de planejamento, coordenação e direção do trabalho educativo realizado no cotidiano escolar. Tratava-se, em sua gênese, de um serviço técnico especializado, baseado numa organização hierárquica do trabalho pedagógico desenvolvido na escola, em que o trabalho dos supervisores escolares e orientadores educacionais se sobrepunha ao trabalho desenvolvido pelo professor. Nessa lógica, a atuação do pedagogo escolar tinha seus fundamentos nos princípios empresariais da racionalização, eficiência e produtividade do processo. Basicamente, o *pedagogo supervisor*, como o próprio termo remete, supervisionava e controlava a ação docente; já o pedagogo orientador analisava, avaliava e encaminhava para atendimento especializado (psicólogo, neurologista, fonoaudiólogo etc.) os alunos com dificuldades de aprendizagem e problemas de indisciplina. Estabeleceu-se, dessa forma, no interior das escolas, a divisão de tarefas no que diz respeito ao trabalho do pedagogo: o supervisor era responsável pelas ações relacionadas ao professor e o orientador pelas ações relacionadas ao aluno.

Procuramos também demonstrar como, na história recente da educação brasileira, essa cisão no trabalho do pedagogo e no entendimento da prática pedagógica desenvolvida na escola passa a ser questionada. Para tanto, retomamos, de forma breve, o contexto sociopolítico-econômico dos anos 1980 e suas repercussões sobre a área educacional nesse período. Ressaltamos que a década de 1980 no Brasil foi marcada por discussões a respeito de uma pedagogia comprometida com os interesses da maioria da população: as camadas trabalhadoras. Nesse período, o papel do pedagogo escolar passou a ser revisto e, de uma função controladora e fiscalizadora do trabalho do professor, começa a ser entendido como apoio e suporte pedagógico, destacando que sua competência técnica precisa estar articulada com o compromisso político.

No contexto dos anos 1990, sob a égide mais aguçada das políticas neoliberais, o papel do pedagogo escolar é redesenhado a partir das definições legais da nova LDBEN nº 9.394/1996 e das Diretrizes Curriculares Nacionais para o Curso de Pedagogia. Essas diretrizes extinguem, de fato, as habilitações na formação acadêmica do pedagogo e ressaltam a docência como base do trabalho pedagógico. Esse documento busca unificar num mesmo curso a formação do professor (para a educação infantil, para os anos iniciais do ensino fundamental e para as disciplinas pedagógicas no curso de formação de professores em nível médio na modalidade normal) e do pedagogo (na área de serviços e apoio escolar e em outras áreas nas quais sejam previstos conhecimentos pedagógicos). Destacamos, no segundo capítulo, que essa ainda é uma questão polêmica, a qual suscita diferentes posicionamentos de autores na área educacional e esmero por parte das instituições de ensino superior no que diz respeito à organização curricular dos cursos de Pedagogia.

Afirmamos ainda que, mesmo não existindo mais as habilitações específicas no curso de Pedagogia (e não estamos de forma alguma defendendo que continuem a existir), as funções supervisora e orientadora, como práticas pedagógicas específicas, não podem simplesmente ser eliminadas. Ainda hoje essas funções se expressam nas ações que o pedagogo realiza em relação aos professores ou aos alunos no dia a dia escolar. Ocorre que, se o processo de ensino-aprendizagem é um todo indissociável, essas ações são indiscutivelmente inter-relacionadas. Nesse sentido, indicamos que o eixo articulador do trabalho educativo desenvolvido na escola é o PPP, o qual é o elemento que garante a articulação entre as funções supervisora e orientadora do pedagogo escolar e, portanto, o norte do trabalho a ser desenvolvido por esse profissional.

Buscamos, na sequência do livro, descrever algumas das ações que caracterizam as funções supervisora e orientadora do pedagogo escolar. Ressaltamos que a função supervisora materializa-se em ações relacionadas com o papel desse profissional na organização sistemática e intencional do processo de ensino. Nessa direção, foram destacadas algumas dimensões do trabalho do pedagogo relacionadas à formação continuada, ao planejamento escolar, à avaliação e à gestão democrática. Também apontamos, no decorrer do texto, que as ações desenvolvidas por esse profissional se realizam em espaços ou momentos específicos como a hora-atividade, as reuniões pedagógicas, o conselho de classe e o conselho de escola. Tais momentos precisam estar articulados para que possam contribuir com a efetivação do PPP da escola.

Indicamos também algumas das ações que caracterizam a função orientadora do pedagogo escolar, as quais estão mais diretamente voltadas à relação professor-aluno e se concretizam nos espaços da formação continuada dos professores, do planejamento escolar, da avaliação (da aprendizagem e institucional) e da construção de gestão democrática da escola. Ainda em relação à função orientadora do pedagogo escolar, também destacamos a importância de sua atuação em diferentes instâncias: na organização da representatividade estudantil; no processo de inclusão dos alunos com deficiência e necessidade educativa especial; na orientação dos alunos em relação aos estudos; na orientação profissional; na avaliação e no encaminhamento de alunos com dificuldades de aprendizagem para atendimento especializado e serviços de apoio pedagógico; na definição de critérios para a composição das turmas e para a escolha de professores em cada turma; além da discussão e encaminhamentos sobre a questão disciplinar.

A partir da discussão sobre o trabalho a ser realizado pelo pedagogo no interior da escola, ressaltamos a necessidade de se buscar a superação das habilitações (orientação educacional, supervisão escolar e administração escolar) e ter como fundamento da formação integral do pedagogo o trabalho pedagógico escolar.

Nesse sentido, compreendendo a educação como um "complexo" contraditório imerso numa complexidade também contraditória e repleta de mediações que é a sociedade capitalista, ressaltamos que a educação, no contexto dessa sociedade, pode servir para adaptar, dominar, disciplinar os sujeitos, mas, contraditoriamente, por meio do acesso ao conhecimento, pode vir a possibilitar a emancipação, o crescimento cultural e uma apreensão mais adequada da realidade. Portanto, pode contribuir tanto para a reprodução do que está dado, quanto para a transformação social.

E é na perspectiva da transformação social, da luta por uma sociedade justa e igualitária, que indicamos, neste livro, a necessidade de discutir e fortalecer o papel do pedagogo escolar: o profissional responsável pela organização e articulação do trabalho pedagógico desenvolvido na escola. Buscamos, no conjunto do texto, explicitar o caráter científico dessa profissão. Defendemos a existência um campo do conhecimento científico próprio que fundamenta a atuação do pedagogo escolar: a pedagogia enquanto ciência da educação (como o conjunto de conhecimentos, sistemática e historicamente organizados, voltados à compreensão das diferentes nuances do processo de ensino-aprendizagem).

Temos clareza de que o presente livro não esgota, nem poderia, a discussão sobre as funções e ações referentes ao pedagogo escolar. Todavia, gostaríamos que este material pudesse, ao ser lido e debatido no interior das escolas, colaborar de alguma forma para o (re)pensar sobre a importância desse profissional e seu papel fundamental na busca de que a escola cumpra com sua função social: garantir a efetivação do processo de ensino-aprendizagem e a democratização do conhecimento elaborado/científico à maioria da população.

Encerramos com uma citação de Saviani (1996, p. 146) que, a nosso ver, aponta para a responsabilidade e a grandeza da nossa tarefa de educadores:

> *a natureza humana não é dada ao homem, mas é por ele próprio produzida sobre a base da natureza biofísica. Consequentemente, o trabalho educativo é o ato de produzir, direta e intencionalmente, em cada indivíduo singular, a humanidade que é produzida histórica e coletivamente pelo conjunto dos homens.*

Por certo, a educação sozinha não tem poder para resolver todas as mazelas socais, mas de modo algum podemos dela abdicar no processo de construção de uma sociedade justa e igualitária. Como em todo processo contraditório, há na educação espaço para processos emancipatórios, mesmo que sob os limites interpostos à realização do trabalho educativo no âmbito da sociedade capitalista.

REFERÊNCIAS

AGUIAR, Márcia Ângela da Silva. **Supervisão escolar e política educacional**. São Paulo: Cortez, 1991.

AGUIAR, Márcia Ângela da Silva; FERREIRA, Naura Syria Carapeto (Org.). **Para onde vão a orientação e a supervisão educacional?** Campinas: Papirus, 2002.

BRASIL. Lei n. 4.024, de 20 de dezembro de 1961. **Diário Oficial da União**, Poder Legislativo, Brasília, DF, 27 dez. 1961. Disponível em: <http://www.planalto.gov.br/ccivil/_03/Leis/L4024.htm>. Acesso em: 14 ago. 2009.

_____. Lei n. 5.540, de 19 de novembro de 1968. **Diário Oficial da União**, Poder Legislativo, Brasília, DF, 28 nov. 1968. Disponível em: <http://www.planalto.gov.br/ccivil_03/Leis/L5540.htm>. Acesso em: 14 ago. 2009.

_____. Lei n. 5.692, de 11 de agosto de 1971. **Diário Oficial da União**, Poder Legislativo, Brasília, DF, 12 ago. 1975. Disponível em:

<http://www.planalto.gov.br/ccivil_03/Leis/L5692.htm>. Acesso em: 14 ago. 2009.

BRASIL. Lei n. 9.394, de 20 de dezembro de 1996. **Diário Oficial da União**, Poder Legislativo, Brasília, DF, 23 dez. 1996. Disponível em: <http://www.planalto.gov.br/ccivil_03/Leis/L9394.htm>. Acesso em: 5 ago. 2009.

_____. Lei n. 11.738, de 16 de julho de 2008. **Diário Oficial da União**, Poder Legislativo, Brasília, DF, 17 jul. 2008. Disponível em: <http://www.planalto.gov.br/ccivil_03/_Ato2007-2010/2008/Lei/L11738.htm>. Acesso em: 14 ago. 2009.

BRASIL. Ministério da Educação. Conselho Federal da Educação. Parecer n. 252, de 11 de abril de 1969a. **Diário Oficial da União**, Brasília, DF, [196-].

_____. Resolução n. 2, de 12 de maio de 1969b. **Diário Oficial da União**, Brasília, DF, [196-].

BRASIL. Ministério da Educação. Conselho Nacional de Educação. Conselho Pleno. Parecer n. 02, de 13 de setembro de 2005. **Diário Oficial da União**, Brasília, DF, 11 nov. 2005. Disponível em: <http://portal.mec.gov.br/cne/arquivos/pdf/pcp002_05.pdf>. Acesso em: 20 ago. 2009.

_____. Parecer n. 05, de 13 de dezembro de 2005. **Diário Oficial da União**, Brasília, 15 maio 2006a. Disponível em: <http://portal.mec.gov.br/cne/arquivos/pdf/pcp05_05.pdf>. Acesso em: 14 set. 2009.

_____. Resolução n. 01, de 15 de maio de 2006. **Diário Oficial da União**, Brasília, DF, 16 maio 2006b. Disponível em: <http://portal.mec.gov.br/cne/arquivos/pdf/rcp01_06.pdf>. Acesso em: 5 ago. 2009.

BRASIL. Ministério da Educação. Secretaria da Educação Básica. **Conselhos Escolares**: democratização da escola e construção da cidadania. Brasília: MEC, SEB, 2004. (Caderno 1: Programa Nacional de Conselhos Escolares). Disponível em: <http://portal.mec.gov.br/seb/arquivos/pdf/Consescol/ce_cad1.pdf>. Acesso em: 18 ago. 2009.

BRASIL. Ministério da Educação. Secretaria de Educação Fundamental. **Parâmetros curricular nacionais**: introdução aos parâmetros curriculares nacionais. Brasília, 1997. Disponível em: <http://portal.mec.gov.br/seb/arquivos/pdf/livro01.pdf>. Acesso em: 18 ago. 2009.

DALBEN, Ângela Imaculada Loureiro de Freitas. **Trabalho escolar e conselho de classe**. Campinas: Papirus, 1992.

DUARTE, Newton. **Vigotski e o aprender a aprender**: crítica às apropriações neoliberais e pós-modernas da teoria vigotskiana. 2. ed. Campinas: Autores Associados, 2001.

ESCOTT, Clarice Monteiro. Diagnóstico: a possibilidade de conhecer a realidade. **Cadernos Pedagógicos**, Porto Alegre, n. 10, p. 66-67, dez. 1996.

FERREIRA, Naura Syria Capareto. **Supervisão educacional**: uma reflexão crítica. Petrópolis: Vozes, 1987.

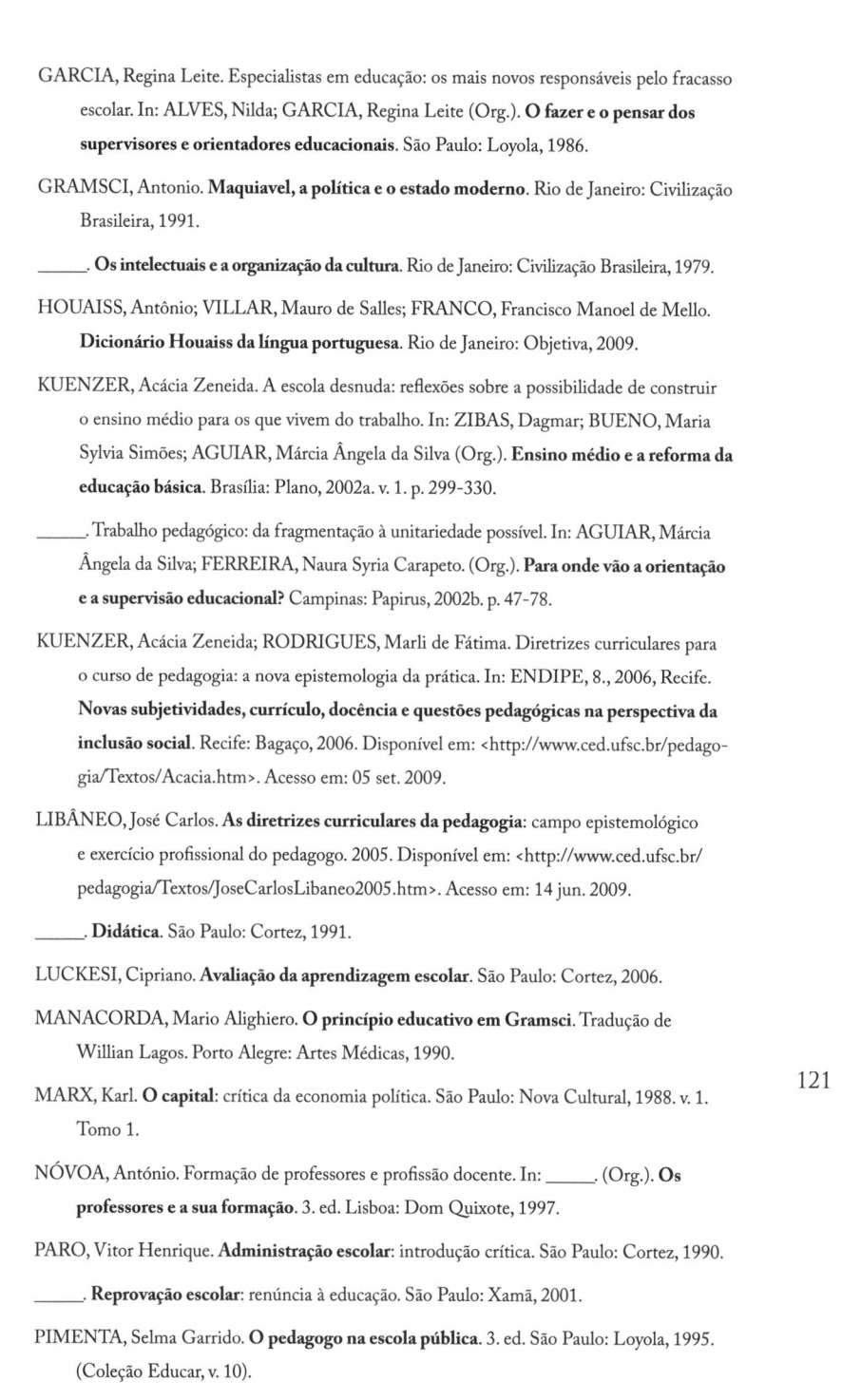

GARCIA, Regina Leite. Especialistas em educação: os mais novos responsáveis pelo fracasso escolar. In: ALVES, Nilda; GARCIA, Regina Leite (Org.). **O fazer e o pensar dos supervisores e orientadores educacionais**. São Paulo: Loyola, 1986.

GRAMSCI, Antonio. **Maquiavel, a política e o estado moderno**. Rio de Janeiro: Civilização Brasileira, 1991.

_____. **Os intelectuais e a organização da cultura**. Rio de Janeiro: Civilização Brasileira, 1979.

HOUAISS, Antônio; VILLAR, Mauro de Salles; FRANCO, Francisco Manoel de Mello. **Dicionário Houaiss da língua portuguesa**. Rio de Janeiro: Objetiva, 2009.

KUENZER, Acácia Zeneida. A escola desnuda: reflexões sobre a possibilidade de construir o ensino médio para os que vivem do trabalho. In: ZIBAS, Dagmar; BUENO, Maria Sylvia Simões; AGUIAR, Márcia Ângela da Silva (Org.). **Ensino médio e a reforma da educação básica**. Brasília: Plano, 2002a. v. 1. p. 299-330.

_____. Trabalho pedagógico: da fragmentação à unitariedade possível. In: AGUIAR, Márcia Ângela da Silva; FERREIRA, Naura Syria Carapeto. (Org.). **Para onde vão a orientação e a supervisão educacional?** Campinas: Papirus, 2002b. p. 47-78.

KUENZER, Acácia Zeneida; RODRIGUES, Marli de Fátima. Diretrizes curriculares para o curso de pedagogia: a nova epistemologia da prática. In: ENDIPE, 8., 2006, Recife. **Novas subjetividades, currículo, docência e questões pedagógicas na perspectiva da inclusão social**. Recife: Bagaço, 2006. Disponível em: <http://www.ced.ufsc.br/pedagogia/Textos/Acacia.htm>. Acesso em: 05 set. 2009.

LIBÂNEO, José Carlos. **As diretrizes curriculares da pedagogia**: campo epistemológico e exercício profissional do pedagogo. 2005. Disponível em: <http://www.ced.ufsc.br/pedagogia/Textos/JoseCarlosLibaneo2005.htm>. Acesso em: 14 jun. 2009.

_____. **Didática**. São Paulo: Cortez, 1991.

LUCKESI, Cipriano. **Avaliação da aprendizagem escolar**. São Paulo: Cortez, 2006.

MANACORDA, Mario Alighiero. **O princípio educativo em Gramsci**. Tradução de Willian Lagos. Porto Alegre: Artes Médicas, 1990.

MARX, Karl. **O capital**: crítica da economia política. São Paulo: Nova Cultural, 1988. v. 1. Tomo 1.

NÓVOA, António. Formação de professores e profissão docente. In: _____. (Org.). **Os professores e a sua formação**. 3. ed. Lisboa: Dom Quixote, 1997.

PARO, Vitor Henrique. **Administração escolar**: introdução crítica. São Paulo: Cortez, 1990.

_____. **Reprovação escolar**: renúncia à educação. São Paulo: Xamã, 2001.

PIMENTA, Selma Garrido. **O pedagogo na escola pública**. 3. ed. São Paulo: Loyola, 1995. (Coleção Educar, v. 10).

PORTELA, Catarina I. Mendes; PIRES, Carlos M. Lopes. **Psicologia diferencial**: os vários temas desse ramo da psicologia. 2007. Disponível em: <http://www.psicologia.com.pt/artigos/textos/TL0107.pdf>. Acesso em: 20 ago. 2009.

SÁNCHEZ VAZQUEZ, Adolfo. **Filosofia da práxis**. Rio de Janeiro: Paz e Terra, 1968.

SAVIANI, Dermeval. **Educação**: do senso comum à consciência filosófica. Campinas: Autores Associados, 1980.

_____. **Escola e democracia**. Campinas: Autores Associados, 1992.

_____. Sentido da pedagogia e o papel do pedagogo. **Revista ANDE – Revista da Associação Nacional de Educação**, São Paulo, v. 5, p. 27-28, 1985.

_____. Os saberes implicados na formação do educador. In: SILVA JÚNIOR, Celestino Alves; BICUDO, Maria Aparecida. **Formação do educador**: dever do Estado, tarefa da universidade. São Paulo: Ed. da Unesp, 1996.

_____. Pedagogia: o espaço da educação na universidade. **Cadernos de Pesquisa**, São Paulo, v. 37, n. 130, p. 99-134, jan./abr. 2007. Disponível em: <http://www.scielo.br/pdf/cp/v37n130/06.pdf>. Acesso em: 14 jun. 2009.

SEVERINO, Antônio Joaquim. O conhecimento pedagógico e a interdisciplinaridade: o saber como intencionalização da prática. In: FAZENDA, Ivani C. Arantes (Org.). **Didática e interdisciplinaridade**. Campinas: Papirus, 2000.

SILVA, Naura Syria F. Corrêa da. **Supervisão educacional**: uma reflexão crítica. 4. ed. Petrópolis: Vozes, 1987.

SOARES, Kátia Cristina Dambiski. **A política de qualificação em serviço dos professores da Rede Municipal de Ensino de Curitiba na gestão Greca (1993-1996)**: entre o discurso da "cultura das elites" e a perspectiva pragmática do trabalho educativo. 2003. Dissertação (Mestrado em Educação) – Setor de Educação, Universidade Federal do Paraná, Curitiba, 2003. Disponível em: <http://www.nupe.ufpr.br/katia.pdf>. Acesso em: 14 set. 2009.

_____. **Trabalho docente e conhecimento**. 2008. Tese (Doutorado em Educação) – Universidade Federal de Santa Catarina, Florianópolis, 2008. Disponível em: <http://www.tede.ufsc.br/teses/PEED0660-T.pdf>. Acesso em: 14 set. 2009.

_____. A formação continuada dos professores da escola pública. **Revista Chão da Escola**, Curitiba, v. 1, p. 21-27, 2007.

VASCONCELLOS, Celso dos Santos. **Coordenação do trabalho pedagógico**: do projeto político-pedagógico ao cotidiano da sala de aula. 8. ed. São Paulo: Liberdad, 2007. (Coleção Cadernos Pedagógicos).

VEIGA, Ilma Passos A. (Org.). **Projeto político-pedagógico da escola**: uma construção possível. Campinas: Papirus, 1998.

BIBLIOGRAFIA COMENTADA

AGUIAR, Márcia Ângela da Silva; FERREIRA, Naura Syria Carapeto (Org.). **Para onde vão a orientação e a supervisão educacional?** Campinas: Papirus, 2002.

Coletânea de textos que tem por norte a discussão a respeito do trabalho do pedagogo. Vários autores tratam sobre seu papel na gestão, no trabalho escolar e na formação de professores ante os problemas da atualidade. No conjunto, os textos têm como tema central a ideia de que a educação é um processo voltado para a formação humana.

DUARTE, Newton. **Vigotski e o aprender a aprender**: crítica às apropriações neoliberais e pós-modernas da teoria vigotskiana. 2. ed. Campinas: Autores Associados, 2001.

O autor, na perspectiva da pedagogia histórico-crítica, opõe-se as apropriações indevidas da obra do psicólogo russo marxista Vigotski. Busca demonstrar como a obra vigotskiana tem suas raízes epistemológicas na teoria do materialismo histórico e como ela contribui para o fortalecimento de uma teoria educacional comprometida com a crítica ao capitalismo e com a busca da transformação social.

FERREIRA, Naura Syria Capareto. **Supervisão educacional**: uma reflexão crítica. Petrópolis: Vozes, 1987.

A autora recupera a trajetória histórica da supervisão escolar. Trata das origens dessa habilitação na formação do pedagogo e relaciona-a com o próprio desenvolvimento da sociedade capitalista e a função da gerência na fábrica.

PARO, Vitor Henrique. **Administração escolar**: introdução crítica. São Paulo: Cortez, 1990.

Obra que pode ser considerada clássica na área da gestão escolar. Numa abordagem crítica, o livro apresenta a necessidade da organização intencional do trabalho pedagógico em relação aos fins propostos pela escola.

PIMENTA, Selma Garrido. **O pedagogo na escola pública**. 3. ed. São Paulo: Loyola, 1995. (Coleção Educar, v. 10).

A autora apresenta a origem da habilitação orientação educacional na formação do pedagogo. De forma crítica e contextualizada, expõe a discussão a respeito da atuação desse profissional na perspectiva de uma escola comprometida com a transformação social.

SÁNCHEZ VAZQUEZ, Adolfo. **Filosofia da práxis**. Rio de Janeiro: Paz e Terra, 1968.

Obra na área da filosofia que aborda o conceito de práxis numa perspectiva marxista, como a indissociabilidade teoria/prática. O autor apresenta as diferentes formas de práxis (revolucionária, reiterativa, política etc.) e discute o papel específico da teoria e da prática na sua constituição.

SAVIANI, Dermeval. **Escola e democracia**. Campinas: Autores Associados, 1992.

O autor trata sobre as correntes pedagógicas na história da educação brasileira. Apresenta de forma crítica as origens e o desenvolvimento da pedagogia tradicional e da escola nova, bem como aponta para uma pedagogia comprometida com os interesses da maioria da população, que em suas próximas obras será chamada de *pedagogia histórico-crítica*.

VASCONCELLOS, Celso dos Santos. **Coordenação do trabalho pedagógico**: do projeto político-pedagógico ao cotidiano da sala de aula. 8. ed. São Paulo: Liberdad, 2007.

Trata sobre a coordenação do trabalho pedagógico, apresentando como núcleo central dessa discussão o trabalho com o conhecimento, que é a especificidade da escola. O livro aborda temas importantes como o projeto político-pedagógico, o trabalho coletivo, o planejamento, as reuniões pedagógicas, a relação professor-aluno, o currículo e a gestão escolar. Apresenta ainda proposições a respeito da atuação do pedagogo na escola, colaborando no sentido de indicar caminhos para uma gestão democrática.

VEIGA, Ilma Passos A. (Org.). **Projeto político-pedagógico da escola**: uma construção possível. Campinas: Papirus, 1998.

Vários autores trazem ao debate educacional a centralidade do projeto político-pedagógico na organização do trabalho escolar. A discussão realizada pelo conjunto dos textos aponta para a construção da autonomia da escola e a necessidade da participação de todos os envolvidos com o processo de ensino-aprendizagem na constituição de uma gestão democrática.

Gabarito

Um

Atividades de autoavaliação

1 – d
2 – b
3 – b
4 – a
5 – b

ATIVIDADES DE APRENDIZAGEM

QUESTÕES PARA REFLEXÃO

1. O leitor deve aprofundar seu estudo sobre a constituição histórica do curso de Pedagogia, visto que esse aprofundamento é fundamental para a compreensão do pedagogo na atualidade.

2. O leitor deve ser capaz de identificar as características que marcaram o papel do pedagogo escolar em sua origem. Essa compreensão pode auxiliar no entendimento de como a profissão se desenvolveu ao longo do tempo.

DOIS

ATIVIDADES DE AUTOAVALIAÇÃO

1 – c
2 – a
3 – d
4 – b
5 – d

ATIVIDADES DE APRENDIZAGEM

QUESTÕES PARA REFLEXÃO

1. O objetivo é conhecer e refletir sobre as atuais proposições legais acerca da formação do pedagogo.

2. Nessa atividade, espera-se que o leitor estabeleça relações entre o contexto socioeconômico e político atual e a realidade escolar na qual o pedagogo atua.

TRÊS

ATIVIDADES DE AUTOAVALIAÇÃO

1 – V, F, V, F.

2 – b
3 – d
4 – a
5 – a

Atividades de aprendizagem

Questões para reflexão

1. A gestão escolar é uma área central na atuação do pedagogo. A leitura deste livro, bem como de outros textos de autores reconhecidos nacional e internacionalmente, pode auxiliar na compreensão do trabalho desse profissional.

2. Nessa atividade, espera-se que o leitor seja capaz de apontar e desenvolver algumas das linhas de ação indicadas no capítulo a respeito da atuação do pedagogo escolar em sua ação supervisora

Quatro

Atividades de autoavaliação

1 – d
2 – V, F, V, V.
3 – c
4 – b
5 – b

Atividades de aprendizagem

Questões para reflexão

1. Por meio dessa atividade, o leitor pode refletir sobre a atuação do pedagogo em sua função orientadora e identificar os desafios postos pelo cotidiano escolar.

2. O grêmio estudantil pode ser um dos focos da atuação do pedagogo, contribuindo para a formação de indivíduos críticos e participantes.

ANEXOS*

ANEXO I

CURRÍCULO DE PEDAGOGIA

Estudos pedagógicos superiores. Mínimos de currículo e duração para o curso de graduação em Pedagogia.

Parecer nº 252/1969, da Comissão Central de Revisão dos Currículos, aprovado em 11 de abril de 1969 (Proc. 675/1969 – CFE).

A revisão dos mínimos de currículo e duração a serem observados nos cursos superiores, em que ora se empenha o Conselho, ocorre num momento em que sensíveis alterações se operam no setor de

---

* Fonte: SILVA, Naura Syria F. Corrêa da. **Supervisão educacional**: uma reflexão crítica. 4. ed. Petrópolis: Vozes, 1987.

preparo de especialistas de Educação e dos professores destinados à formação de mestres para a escola primária. Já era tempo de que tal acontecesse, porquanto os estudos pedagógicos regulares, até agora, ou não foram exigidos na maioria de suas áreas específicas ou, quando o foram, experimentaram um desenvolvimento assistemático e vacilante que responde por um atraso que já não há como disfarçar.

I

Antes da Lei de Diretrizes e Bases, o Decreto-Lei nº 1.190, de 4 de abril de 1938, que organizou a antiga Faculdade Nacional de Filosofia, tornou obrigatório – juntamente com o diploma de licenciado em Pedagogia para o magistério em cursos normais (art. 51, letra a) – o bacharelado nesse curso para o exercício dos cargos técnicos de Educação (arts. 51, letra c e 52). A forma genérica então empregada já traía uma visível imprecisão, exatamente porque o planejamento, a organização e a execução do processo educacional ainda não alcançavam níveis de objetiva especialização.

O resultado foi que, neste particular, os estudos pedagógicos superiores não tiveram como exercer a influência deles certamente esperada pelos seus criadores. Pelo contrário. Muito na linha de uma tradição clientelista do serviço público brasileiro, atenuou-se gradativamente a exigência do *curso* à medida que os *cargos,* aqui e ali ocupados por profissionais realmente capazes, cresciam em número e ofereciam oportunidades para um emprego mais ou menos rendoso e de obrigações pouco definidas. Essa tendência atingiu tais proporções que, em dado momento, o título de *técnico de Educação* chegou quase ao descrédito.

Aliás, mesmo na parte relativa à formação de professores para o ensino normal, o Curso de Pedagogia encontrou grandes resistências antes de impor-se, ao menos parcialmente, como hoje se verifica. A própria Lei Orgânica do Ensino Normal (Decreto-Lei nº 8.530, de 2 de janeiro de 1946), sete anos depois, praticamente revogou o

Decreto-Lei nº 1.190/1939 ao prescrever apenas, para esse efeito, uma "conveniente formação em cursos apropriados, em regra de ensino superior"; e a realidade encarregou-se do resto. No setor privado, por ser menos dispendiosa, a admissão de professores não diplomados ainda continuou por muito tempo a constituir a regra mesmo nas grandes cidades e, no setor público, o clientelismo também se fez sentir, embora com intensidade menor que a verificada no preenchimento dos cargos técnicos.

Em rigor, nesta fase, não se cogitou de planejamento, orientação ou supervisão e muito menos, por motivos óbvios, de certas especializações mais elaboradas cuja necessidade só nos últimos tempos começam a se fazer sentir. Havia apenas, como não podia deixar de ocorrer, inspetores e diretores concebidos em moldes tradicionais. Para os primeiros, assim como para os diretores de escolas de 2º grau, não se tinha previsto qualquer preparo específico em curso regular. Somente para os diretores de escola de 1º grau, o citado Decreto-Lei nº 8530/1946 prescreveu (arts. 3º, 4º § 3º, 11 e 12) a formação em cursos próprios, de nível normal, a funcionarem em *institutos de educação*. Embora outra coisa não seja "um curso pós-normal senão um curso superior", como já salientávamos no Parecer nº 340/1963, o certo é que o legislador de 1946 ainda conservou a atitude de só a custo classificar como tal uma profissão que não se enquadrasse entre as três ou quatro, ditas *liberais*, cujo estudo no Brasil se iniciou nos primeiros anos do século XIX.

II

A Lei de Diretrizes e Bases, apesar do sentido renovador que a caracterizou em vários aspectos, mostrou-se por demais tímida quanto aos profissionais de Educação *stricto sensu*. A sua longa tramitação de quinze anos fez com que o texto finalmente aprovado, em que pese aos sucessivos ajustamentos nele introduzidos, ainda se mantivesse muito próximo do projeto original, elaborado na perspectiva de

1946, e deixasse de incorporar as novas tendências que se esboçaram nesse período, acompanhando as grandes mudanças que então se processaram na vida nacional. Outra vez não se cogitou, direta ou indiretamente, de formar planejadores, supervisores e outros especialistas de cuja ausência já começávamos a ressentir-nos. Os inspetores e diretores de escolas do 2º grau foram mantidos sem o preparo regular de nível superior exigido para os professores. Quanto aos primeiros, a lei apenas aludia (art. 65) a "conhecimentos técnicos e pedagógicos demonstrados, de preferência, no exercício de função de magistério, de auxiliar de administração escolar ou na direção de estabelecimento de ensino"; e em relação aos últimos, vagamente prescrevia (art. 42) que "o diretor... deverá ser educador qualificado". Finalmente, para a seleção dos diretores em nível primário, conservou (art. 55) a orientação do Decreto-Lei nº 8.530/1946, já comentado, de estudos a serem feitos em cursos próprios "abertos a graduados em escolas normais de grau colegial".

O único argumento que se encontra para justificar a orientação adotada, quanto à escola de 2º grau, é o de certo realismo que tornaria artificial uma solução alheia à rotina da época. Como se a necessidade de administradores não se expressasse por um número dezenas de vezes inferior ao de professores. Seria então o caso, evidentemente absurdo, de não manter a exigência de preparação superior para os professores, se ainda hoje, como é sabido, os que preenchem tal condição não ultrapassam 25% do corpo docente em exercício. Mas isto se fez, aliás, corretamente, como uma aspiração a concretizar-se a longo prazo, prevendo-se para a transição (art. 117) um "exame de suficiência" que supriria, como vem suprindo, a falta de mestres que exibam as novas características. Seria também o caso de não exigir uma formação pós-normal para os diretores de estabelecimentos de ensino primário, os quais ficam assim obrigados a ter preparo realmente superior à vaga "qualificação" requerida dos diretores de escolas médias.

Onde, porém, mais visíveis se tornam as impropriedades da Lei de Diretrizes e Bases, quanto aos profissionais não docentes de Educação, é na parte relativa aos orientadores. Estes foram classificados em dois tipos: os "do ensino primário" (art. 64), com formação de nível colegial ou pós-normal, e os "do ensino médio" (art. 63), com formação em "*curso especial* a que terão acesso os licenciados em Pedagogia, Filosofia, Psicologia ou Ciências Sociais, bem como os diplomados em Educação Física e os inspetores de ensino". A prevalecerem os argumentos que estão na base das omissões anteriormente criticadas, não haveria por que exigir dos orientadores "do ensino médio" uma preparação regular para a pós-graduação e admitiu-se ao mesmo tempo que a um curso pós-graduado tivessem acesso candidatos sem formação específica de grau médio ou superior, como ocorria frequentemente com os inspetores. Ademais, se nesse curso podiam matricular-se "os diplomados em Educação Física", não haveria por que torná-lo inacessível a outros profissionais, sobretudo licenciados, mediante aproveitamento de estudos idênticos ou equivalentes.

Foi nesse quadro de referência que teve de situar-se o Parecer nº 251/1962, onde se fixam o currículo mínimo e a duração do curso de Pedagogia. A parte relativa ao magistério normal não ofereceu maiores dificuldades, ensejando mesmo que se lançassem pressupostos para uma futura preparação do mestre primário em grau superior. A formação de especialistas, entretanto, acabou revestindo uma fluidez que era a da própria lei. O Conselho fez então o que estava ao seu alcance: determinou uma parte comum e outra que levasse aos dois objetivos. Como não era possível determinar áreas obrigatórias de habilitação, deixou-as apenas implícitas na exigência de matérias a serem escolhidas pelas universidades e escolas, de uma lista mais ou menos variável de opções. Esperava-se que a evolução do mercado de trabalho conduzisse ao passo imediato; mas só com exceção tal aconteceu, exatamente pela falta de validade legal da especificação que se fizesse. Isto explica muito do que hoje se pode considerar imprecisão do Parecer. A Orientação Educacional, por exemplo, foi curiosamente excluída do curso; e a duração estabelecida não apresentou alternativas ajustáveis às características do trabalho educacional, encarado em si mesmo e em função de peculiaridades regionais.

III

A Lei nº 5.540, de 28 de novembro de 1968, representou uma correção do duplo sentido de evitar a fluidez reinante em algumas áreas, como era precisamente o caso da Educação, e fugir à rigidez predominante em outras. À noção tradicional do diploma como algo que "assegura privilégios" ao seu portador, a nova lei contrapôs a ideia da formação superior como uma exigência da sociedade para o trabalho em determinado setor. Assim é que os artigos 18 e 26 empregam a expressão "cursos correspondentes a profissões reguladas em lei", ao invés de "cursos que assegurem privilégios para o exercício de profissões liberais", como ainda registrava o art. 70 da Lei de Diretrizes e Bases. Mas não somente esses "cursos correspondentes a profissões reguladas em lei" serão "reconhecidos pelo Conselho Federal de Educação" e terão "validade em todo o território nacional" (art. 27): também a terão outros, além deles, que o Conselho venha a criar, por "necessários ao desenvolvimento nacional" (art. 26), ou que "as universidades e os estabelecimentos isolados" organizem "para atender às exigências de sua programação específica e fazer face a peculiaridades do mercado de trabalho regional" (art. 18). Não seria realmente possível que a legislação conseguisse acompanhar as transformações e os desdobramentos que, a todo instante, operam-se nas profissões de nível superior com aceleração crescente; donde o estabelecimento de mecanismos de reação mais pronta entre a lei e a realidade.

A concepção mesma de curso teria de ser redefinida. Quanto, há mais ou menos três décadas, às clássicas *profissões liberais* acrescentaram-se as primeiras formas novas de habilitação superior, estas de tal modo foram assimiladas àquelas que acabaram por copiar-lhe a rigidez de preparação única e duração *longa* dos estudos. À medida, porém, que se iam desenvolvendo outras modalidades de graduação, cada vez mais visível se mostrava a inadequação do modelo tradicional e, em dado momento, tornou-se urgente uma abertura que a lei por fim veio ensejar.

O seu art. 23, com efeito, dispõe que "os cursos profissionais poderão, segundo a área abrangida, apresentar modalidades diferentes quanto ao número e à duração, a fim de corresponder às condições do mercado de trabalho". Conquanto aí já se contenha o necessário para a mudança há muito reclamada neste particular, a legislação foi mais longe e, sublinhando a posição adotada, expressamente determinou (§ 1º do mesmo art. 23) que "serão organizados cursos profissionais de curta duração destinados a proporcionar habilitações intermediárias de grau superior".

Apesar de tudo isso, possível seria ainda que os estudos permanecessem confinados aos limites de cada curso, como sói ocorrer ainda agora, sem qualquer circulação na mesma área ou em áreas diferentes. Todo o ensino superior poderia então continuar dividido em compartimentos estanques. Prejudicados estariam, em grande parte, os esquemas de curta e média duração, pela natural preferência que os alunos atribuiriam desde logo aos cursos *longos*, se estes não pudessem constituir a segunda etapa de um processo realmente contínuo. Daí o § 2º do art. 23: "os estatutos e regimentos disciplinarão o aproveitamento dos estudos dos ciclos básicos e profissionais, inclusive os de curta duração, entre si e em outros cursos". Esta clara opção de flexibilidade teria de refletir-se na própria habilitação profissional, melhor ajustando-a àquela exigência básica de "modalidades diferentes" (art. 23, *caput*). Para tanto, em vez de identificá-las com o título geral do curso, estabeleceu a lei que o diploma importará "em capacitação para o exercício profissional na área abrangida pelo respectivo currículo", o que vale dizer, pelo currículo efetivamente seguido em cada caso, e não por um currículo uniforme abstratamente concebido.

No que toca especificamente à Educação, a Lei nº 5.540/1968 manteve e prolongou a linha iniciada pelo Decreto-Lei nº 53, de 18 de novembro de 1966. Este, no parágrafo único do seu art. 3º, dispôs que, entre os cursos oferecidos pelas universidades federais, "se incluirão obrigatoriamente os de formação de professores para o ensino de segundo grau e de especialistas em educação". Não definiu, porém, quais seriam estes especialistas, em face mesmo dos seus propósitos limitados, o que fez [sic] prevalecesse ainda a imprecisa legislação anterior. A nova lei, que assumiu características de *diretrizes e bases,* deu o passo imediato e dispôs (art. 30) que "a formação de professores para o ensino de segundo grau, de disciplinas gerais ou técnicas, bem como o preparo de especialistas destinados aos trabalhos de planejamento, supervisão, administração, inspeção e orientação no âmbito das escolas e sistemas escolares, far-se-á em nível superior".

Haverá, portanto, três ordens de habilitação no setor pedagógico, todas com a mesma validade nacional prevista no *caput* do art. 27: (a) as correspondentes a essas especialidades *reguladas em lei,* que estão sujeitas a currículo e duração mínimos fixados por este Conselho, na forma do art. 26; (b) as correspondentes a outras especialidades que o Conselho tenha por "necessárias ao desenvolvimento nacional", também sujeitas a currículos e duração mínimos, de acordo com o mesmo art. 26, e (c) as que as universidades e os estabelecimentos isolados resolvam oferecer "para atender às exigências de sua programação específica e fazer face a peculiaridades do mercado de trabalho regional", segundo estabelece o art. 18. como, em todos estes casos, o curso poderá "apresentar modalidades diferentes quanto ao número e à duração" (art. 23, *caput*), aquilo que antes se chamava "pós-normal" passa a qualificar-se naturalmente como "superior", num esquema "de curta duração", agora tornado obrigatório (§ 1º do art. 23).

Daí (aflorando ainda que de passagem aos aspectos de estrutura) não se há de inferir que os cursos pedagógicos de menor duração, ou mesmo os cursos *completos* de graduação, estejam impedidos de funcionar em Institutos de Educação ou, ao contrário, que somente nestes possam desenvolver-se estudos superiores para a formação de especialistas – diretores, inspetores, supervisores, etc. – destinados à escola primária. A técnica da reforma é a de não consagrar a antiga correspondência escola-curso, caracterizando-se as escolas como simples meios para ministrar disciplinas, não necessariamente todas, que figurem nos currículos dos cursos. Assim, de acordo com os §§ 1º e 2º do art. 30, o preparo de professores e especialistas de Educação poderá não somente fazer-se nas universidades, "mediante a cooperação das unidades responsáveis pelos estudos incluídos nos currículos dos cursos respectivos", como realizar-se em "um estabelecimento isolado ou resultar da cooperação de vários". O tipo de estabelecimento que se organize passa de certo modo a segundo plano, exigindo-se como requisitos fundamental que o curso, concebido em moldes que mereçam reconhecimento, seja ministrado sob "coordenação que assegure a unidade dos estudos".

IV

O setor de Educação ajusta-se de fato a estas premissas. A profissão que lhe corresponde é uma só e, por natureza, não só admite como exige "modalidades diferentes" de capacitação, a partir de uma base comum. Não há, em consequência, por que instituir mais de um curso, porquanto, mesmo nas habilitações que as universidades e os estabelecimentos isolados venham a acrescentar, a maior parte das disciplinas se repetirá fatalmente em todas, com pouca ou nenhuma adaptação. A nosso ver, somente quando se ultrapasse o terreno propriamente educacional, em alguns casos, o curso assumirá estrutura e tomará denominação diferente – como num bacharelado em História Geral e em História da Educação, ou em Cultura

Brasileira e Planejamento Educacional, por exemplo; mas combinações desse tipo, já muito elaboradas, devem partir das instituições onde elas possam desenvolver-se com êxito, fixando-se a iniciativa do Conselho nas áreas propriamente pedagógicas. Entendemos que, sob o título geral de *Curso de Pedagogia*, será possível reunir aspectos dos mais variados, numa solução capaz de explorar as virtualidades da nova lei. Para tanto, elaboramos o anexo projeto de Resolução, que ora submetemos à apreciação do Conselho.

Segundo o plano proposto, o curso terá uma parte comum e outra diversificada. A parte comum será praticamente a mesma do Parecer nº 251/1962, incluindo aquelas cinco áreas cujo estudo *é realmente a base de qualquer modalidade de formação pedagógica, podendo além disto constituir objeto de habilitação específica*. A própria *Sociologia Geral*, agora definida como fundamental para todos os cursos situados no campo das Ciências Humanas, já é obrigatória desde 1962 em Pedagogia; do que aliás não se há de concluir possam a Psicologia, a História e a Filosofia da Educação, prescindir da sua própria fundamentação *geral*, como suporte para a abordagem pedagógica. Assim, como única modificação neste particular, propomos o acréscimo de Didática: em primeiro lugar, porque as outras matérias sempre convergem para o ato de ensinar, com ela identificado; em segundo lugar, porque imaginamos um esquema em que todos possam lecionar, nos cursos normais, as disciplinas de suas habilitações específicas; e finalmente, *last but not least*, porque a experiência destes seis anos demonstrou que as universidades e escolas isoladas invariavelmente a incluem nos seus currículos plenos. Para esta parte comum indicam-se, pois, as seguintes matérias:

1.1 – Sociologia Geral

1.2 – Sociologia da Educação

2.0 – Psicologia da Educação

3.0 – História da Educação

4.0 – Filosofia da Educação

5.0 – Didática

A parte diversificada compreende, basicamente, aquelas áreas desde logo mencionadas no art. 30 da Lei nº 5.540/1968, excetuando apenas o Planejamento, que será desenvolvido em nível de Mestrado. Para o magistério dos cursos normais e as atividades de orientação, administração, supervisão e inspeção, previram-se cinco habilitações que se desdobram em oito com a apresentação das três últimas *também* em curta duração, visando à escola de primeiro grau. Apressamo-nos em reconhecer o muito de contingente que ainda contém nesse escalonamento: de um lado, porque a posição natural das especialidades pedagógicas é sempre a pós-graduação e, de outro, porque já não se ignora hoje que os problemas de organização e controle da escola primária oferecem tanta complexidade quanto os do ensino médio e superior. Longe, portanto, de corresponder a uma hierarquia intrínseca do trabalho pedagógico, em termos de importância e profundidade, a distinção feita prende-se tão somente às exigências imediatas do mercado de trabalho. Se já agora é possível situar corretamente o Planejamento, pois incomparavelmente menor se apresenta o núcleo de profissionais requeridos, não haveria como atender às necessidades de administradores, supervisores e inspetores se o seu preparo, nesta fase *inicial*, ficasse adstrito ao Mercado ou mesmo a cursos *longos* de graduação.

Em posição intermediária, encontra-se a Orientação Educacional, agora finalmente incluída entre as habilitações pedagógicas sem distribuir-se, como acontecia, por "Cursos Especiais" em que a preocupação de ordem educacional tendia a ser absorvida pelo elemento psicológico. Previu-se apenas uma habilitação para as escolas primárias e média, embora seja visível a predominância desta última, ante as características muito próprias que assume a escolarização ao nível da adolescência. No ensino de 1º grau, o sincretismo do comportamento infantil, levando a uma indispensável globalização das atividades escolares, reduz em muito a importância de um Conselheiro individualizado. O que dia a dia mais se reclama, neste caso, é a formação de melhores professores que, sob coordenação adequada, possam de fato reunir em sua missão a dupla tarefa de instruir e educar. A isto procurou-se atender, de uma parte, com o novo tratamento dispensado ao preparo do magistério para os cursos normais e, de outra, com a institucionalização da figura do Supervisor, que se constitui nos últimos tempos uma das mais felizes experiências do ensino fundamental brasileiro.

Para estas cinco habilitações a serem desenvolvidas em nível de graduação, previram-se onze matérias, que se desdobram em dezessete para ensejar as combinações necessárias em cada caso. Eis a lista daí resultante:

    1.1 – Estrutura e Funcionamento do Ensino de 1º Grau

    1.2 – Estrutura e Funcionamento do Ensino de 2º Grau

    1.3 – Estrutura e Funcionamento do Ensino Superior

    2.0 – Princípios e Métodos de Orientação Educacional

    3.1 – Princípios e Métodos de Administração Escolar

    3.2 – Administração da Escola de 1º Grau

    4.1 – Princípios e Métodos de Supervisão Escolar

    5.1 – Princípios e Métodos de Inspeção Escolar

    5.2 – Inspeção da Escola de 1º Grau

    6.0 – Estatística Aplicada à Educação

    7.0 – Legislação do Ensino

    8.0 – Orientação Educacional

    9.0 – Medidas Educacionais

    10.0 – Currículos e Programas

    11.1 – Metodologia do Ensino de 1º Grau

    12.2 – Prática de Ensino na Escola de 1º Grau (Estágio).

A distribuição dessas matérias pelas várias habilitações, além da parte comum anteriormente referida será a seguinte:

    a)   Orientação Educacional – as dos números 1.1, 1.2, 2.0, 8.0 e 9.0;

b) Administração Escolar, para exercício nas escolas de 1º e 2º graus – as dos números 1.1, 1.2, 3.1 e 6.0;

c) Supervisão Escolar, para exercício nas escolas de 1º e 2º graus – as dos números 1.1, 1.2, 4.1 e 10.0;

d) Inspeção Escolar, para exercício nas escolas de 1º e 2º graus – as dos números 1.1, 1.2, 5.1 e 7.0;

e) Ensino das disciplinas e atividades práticas dos cursos normais – as dos números 1.1, 11.1 e 11.2;

f) Administração Escolar, para exercício na escola de 1º grau – as dos números 1.1, 3.2 e 6.0;

g) Supervisão Escolar, para exercício na escola de 1º grau – as dos números 1.1, 4.1 e 10.0;

h) Inspeção Escolar, para exercício na escola de 1º grau – as dos números 1.1, 5.2 e 7.0.

No que toca às habilitações, cabe notar que todas elas, resultando de curso único, devem supor um só diploma: o de bacharel.* Outra vez procurou-se fugir a uma simetria que, no sistema em vigor, falseia o que se há de significar com os títulos superiores de Educação. Pelo fato de que, nas áreas "de conteúdo", o licenciado é um especialista que recebe formação pedagógica para efeito de ensino – nas áreas pedagógicas, reciprocamente, quem ensina deve ser licenciado... Como se, no caso, o pedagógico já não constituísse o próprio conteúdo do curso, que outra coisa não é senão o desenvolvimento em anos do que se estuda em meses para a *licença* comum de magistério. Visto, porém, que assim não se entendeu por muitos anos, até mesmo dois diplomas se expedem pela integralização de um só currículo. Para nem mencionar o que acontecia antes do parecer nº 251/1962, quando se ministrava uma curiosa *Didática de Pedagogia* pela simples razão de que havia uma Didática de Matemática, de História ou de Letras...

---

* Acolhendo embora a ideia de um só diploma, o Plenário aprovou emenda do Conselheiro D. Luciano Duarte e fixou (por maioria de votos) como título único o de "licenciado".

Esta fixação de um só título aclara o que há muito já está no conselho dos profissionais de Educação, a saber, que os portadores do diploma de Pedagogia, em princípio, sempre devam ser professores do ensino normal. Exatamente por tal razão foi que, segundo já vimos, a Didática passou a figurar em caráter obrigatório no currículo mínimo. A partir daí, evidente se afigura que todos os diplomados terão credenciais para lecionar as disciplinas correspondentes (a) à parte comum do curso e (b) às suas habilitações específicas. O ensino para a formação mais diretamente profissionalizante do normalista, o de Metodologia e Prática da escola primária, veio a constituir uma dentre as habilitações, e não mais um diploma especial, como aliás se fez com a Orientação Educacional. Não se incluíram, porém, no magistério dos cursos normais, os que obtenham o bacharelado em outra duração, considerando a menor densidade que os estudos alcançam nesses esquemas reduzidos. Tal não impede que as instruções a serem baixadas para registro profissional, à maneira do que ocorre com as atuais licenciaturas do 1º ciclo, lhes estendam essa prerrogativa nos casos em que haja falta de professores preparados na duração requerida.

Outro aspecto que se procurou deixar mais claramente delineado foi o do exercício de atividades docentes na escola de 1º grau, pelos diplomados em Pedagogia. O parecer nº 251/1962 admitiu que, já no fim da presente década, tal problema talvez começasse a suscitar-se nas regiões mais desenvolvidas do País. A previsão confirma-se dia a dia e, à medida que essa tendência adquire alguma nitidez, surgem reações dos professores normalistas, como simples defesa de interesses, e perplexidades se estabelecem em áreas administrativas sobre se isso é técnica e legalmente possível. De que o é legalmente não há dúvida, porque afinal *quem pode o mais pode o menos*: quem prepara o professor primário tem condições de ser também professor primário. Entretanto, a questão deixa de ter uma certa procedência do ângulo técnico, pois nem todos os diplomados em Pedagogia recebem a formação indispensável ao exercício do magistério na escola de 1º grau. Para obviá-la, indicou-se o estudo da respectiva Metodologia e Prática, sem, contudo, criar uma habilitação especial que parece prematura. Assim, para os bacharéis que se preparem ao ensino de tais disciplinas em cursos normais, a nova credencial será automática e poderá ser conseguida por acréscimo pelos demais, incluindo os diplomados em menor duração que, por todos os títulos, são os candidatos ideais para iniciar esta fase mais avançada.

Além das habilitações expressamente previstas em lei, já vimos que outras poderão ser criadas com plena validade quer por este Conselho, ainda sob a forma de currículo mínimo, quer pelas instituições de ensino superior, quer por sua combinação dos dois níveis. Preferiu-se esta última solução, sem prejuízo de posteriores iniciativas, já que o Conselho sempre apreciará os planos elaborados *in concreto*. Não se chegou, assim, a qualquer delineamento curricular nesta parte, apenas admitindo a Resolução que será possível desenvolver como áreas específicas em nível de graduação ou pós-graduação.

a) Matérias pedagógicas da parte comum:
– Psicologia da Educação
– Sociologia da Educação
– História da Educação
– Filosofia da Educação
– Didática

b) Matérias e atividades da parte diversificadas:
– Estrutura e Funcionamento do Ensino de 1º Grau
– Estrutura e Funcionamento do Ensino de 2º Grau
– Estrutura e Funcionamento do Ensino Superior
– Estatística Aplicada à Educação
– Currículos e Programas
– Medidas Educacionais
– Legislação do Ensino

c) Outras matérias ou atividades ainda não mencionadas como, por exemplo:
– Economia da Educação
– Antropologia Pedagógica
– Educação Comparada
– Técnicas Audiovisuais de Educação
– Rádio e Televisão Educativa
– Ensino Programado
– Educação de Adultos
– Educação de Excepcionais
– Clínica de Leitura
– Clínica da Voz e da Fala
– Higiene Escolar
– Métodos e Técnicas de Pesquisa Pedagógica, etc.

Quanto à duração, fixaram-se duas modalidades para as habilitações que se incluam em nível de graduação: 2.200 e 1.100 horas, a serem integralizadas em tempos variáveis de 3 a 7 e de 1,5 a 4 anos letivos, respectivamente. Calculou-se uma semana de aproximadamente 18 horas de trabalho escolar efetivo, reduzindo-se assim em um quarto (1/4) os critérios até aqui em vigor para os setores de Ciências Humanas. Em parte, esta redução decorre dos resultados colhidos com a aplicação da Portaria Ministerial nº 159/1965, que tinha caráter experimental; mas a sua principal motivação foi o dispositivo da nova lei (art. 26) segundo o qual, diversamente do que ocorria no regime da LDB, mínimo deve ser o currículo e *mínima*, também, a *duração* que este Conselho venha a estabelecer para os cursos de sua competência. Tudo indica, portanto, que aos acréscimos feitos pelas universidades e escolas no plano de conteúdo deve corresponder algum aumento das horas do trabalho. É possível que as habilitações porventura criadas, além das oito já indicadas, venham a enquadrar-se nestas modalidades básicas; mas nada impede que, se assim for necessário, outros esquemas de tempo lhes sejam traçados.

Algumas condições suplementares foram previstas para complementar a nova sistemática e assegurar-lhe ou facilitar-lhe a implantação. Uma delas, que já se fez praxe neste Conselho, é a exigência de estágio supervisionado nas áreas correspondentes às habilitações, acrescido de experiência de magistério. Não se entende, com efeito, que o portador de um título profissional de Educação deixe de exibir alguma vivência da especialidade escolhida e, em áreas como a de Orientação Educacional, alguma prática do ato de ensinar, para que sempre convergem todas as atividades escolares.* Outra condição, de certo modo resultante da primeira, é a limitação do número de habilitações a duas áreas de cada vez. Evita-se com isto uma polivalência dispersiva em setores que requerem autenticidade, sem contudo impedir que o diplomado volte à escola para, mediante aproveitamento de estudos anteriores, obter novas habilitações que poderão ser consignadas em apostilas no título inicial.

Esta ideia de aproveitamento de estudos idênticos ou equivalentes, resultante do princípio mais amplo da "educação permanente", inspira em vários outros pontos o plano apresentado. Ainda em nível de graduação, permitiu-se que os licenciados em geral venham a obter diploma de Pedagogia mediante complementação de estudos que alcance o mínimo de 1.100 horas. Com isto, muitos professores de "disciplinas de conteúdo" que se sintam atraídos pelo trabalho pedagógico *puro* poderão realizar-se mais plenamente, sem repetir o curso em toda a sua duração, trazendo para o novo campo a experiência colhida nos mais variados setores do magistério. Esse enriquecimento alcançará o seu ponto máximo com o preparo em nível de Mestrado, que também se admitiu desde logo. Repetimos que, excetuado o caso particular do Planejamento, trata-se de solução que não passa

---

* O Plenário, por maioria de votos, estendeu o requisito de experiência de magistério a outras habilitações.

de simples faculdade, porquanto seria impossível saltar bruscamente para a pós-graduação quando, pelo menos em âmbito nacional, os especialistas de áreas educacionais não exibem sequer a graduação. Em certas regiões do País, contudo, é de supor que a passagem se opere com alguma rapidez, paralelamente aos primeiros ensaios de formação do professor primário em grau superior.

No momento e ainda por muito tempo, a fonte principal de recrutamento de profissionais de Educação será o curso de graduação, unificado pelo que há de comum ao saber pedagógico e diversificado, em grau crescente, pelas habilitações específicas em que ele se desdobra. Em função desta especificidade não apenas de conteúdo e duração, como de objetivos e de níveis, cada matéria ou atividade programada poderá receber tratamento mais ou menos diferentes quanto ao sentido, à intensidade ou à extensão, segundo o contexto em que figure. É o caso, por exemplo, da Psicologia da Educação para administradores e para orientadores, ainda que formados em duração idêntica; ou da própria Administração Escolar, para o preparo somente de administradores, se incluída em modalidades diversas de duração; ou da Sociologia, para sociólogos da Educação e para inspetores; ou da Filosofia da Educação, se administrada em bacharelado e em mestrado; o de Currículos e Programas, como disciplina complementar ou como áreas de habilitação; e assim por diante. Espera-se, portanto, que a estrutura curricular adotada seja orgânica sem tornar-se compacta ou hermética. Daí uma abertura vertical, que segue da habilitação mais modesta à mais ambiciosa, e uma abertura horizontal, que poderá trazer para a Educação o influxo vitalizador de outros campos de conhecimentos.

O que se apresenta, em suma, é mais e é menos que um curso de Pedagogia. É mais, porque visa a cobrir, em amplos traços, as diversas situações concretas que hão de surgir e é menos, porque não passa de um núcleo a desenvolver-se conforme o estilo e as possibilidades de cada instituições. Dificilmente, nos "currículos plenos", se poderá prescindir de acréscimos e desdobramentos que tornem mais nítidos os contornos do que aí fica apenas esboçado. Os próprios conteúdos surgem revestidos de uma intencional neutralidade: ainda não têm caráter de *disciplinas* e sim de *matérias* (quase, diríamos de "matéria-prima") a serem trabalhadas com maior ou menor propriedade nos vários planos particulares. Esta sobriedade encontra, certamente, a sua primeira explicação no conceito legal de *mínimo*, porém mais se justifica no caso especial dos estudos pedagógicos. Numa hora em que se promove a sua institucionalização em cursos regulares de grau superior, com a necessária especificidade, impõe-se uma atitude experimental que leve os diversos níveis – Ministério, sistemas de ensino e escolas – a uma convergência de que resultem modelos capazes de preservar objetivos comuns e ajustar-se a peculiaridades locais.

Longe de nós, portanto, supor que todas as habilitações já agora possíveis, ou mesmo somente previstas em lei, venham a ser desde logo oferecidas pelas universidades e pelos estabelecimentos isolados. De imediato, não se ultrapassará em muitos casos o âmbito da "curta duração"; em outros, já poderão ser atingidos os cursos *completos* de graduação; em alguns, talvez se chegue a esgotar a enumeração legal; e raramente, conforme tudo o indica, se enveredará pro formas já muito elaboradas de especialização. Pouco a pouco, estamos certos, o quadro se transformará; mas não será necessário expedir novo currículo mínimo, ou rever o anterior, sempre que em algum lugar se atingir uma nova etapa. É a última característica que esperamos o presente trabalho venha a revestir: a de maior persistência no tempo.

Em anexo, o projeto de Resolução.*

S.S., em 06 de março de 1969.
O Subgrupo: Valmir Chagas – Relator, Newton Sucupira,
Pe. José Vieira de Vasconcellos, Durmeval Trigueiro.

---

* BRASIL. Ministério da Educação e Cultura. Conselho Federal de Educação. *Currículos Mínimos dos Cursos Superiores*. Porto Alegre, Edições URGS, 1971, p. 49-62.

ANEXO II

Resolução nº 2, de 12 de maio de 1969

Fixa os mínimos de conteúdo e duração a serem observados na organização do curso de Pedagogia.

O Conselho Federal de Educação, na forma do que dispõem os artigos 26 e 30 da Lei nº 5.540, de 28 de novembro de 1968, e tendo em vista o Parecer nº 252/1969, que a esta se incorpora, homologado pelo Senhor Ministro da Educação e Cultura, em 09 de maio de 1969,

Resolve:

Art. 1º – A formação de professores para o ensino normal e de especialistas para as atividades de orientação, administração, supervisão e inspeção, no âmbito de escolas e sistemas escolares, será feita no curso de graduação em Pedagogia, de que resultará o grau de licenciado com modalidades de diversas de habilitação.

Art. 2º – O currículo mínimo do curso de Pedagogia compreenderá uma parte comum a todas as modalidades de habilitação e outra diversificada em função da habilitação específica.

§ 1º – A parte comum abrangerá as seguintes matérias:

a) Sociologia Geral
b) Sociologia da Educação
c) Psicologia da Educação
d) História da Educação
e) Filosofia da Educação
f) Didática

§ 2º – Nas instituições de organização pluricurricular, a Sociologia Geral se integrará no primeiro ciclo a que se refere o artigo 5º do Decreto-Lei nº 363, de 11 de fevereiro de 1969.

§ 3º – A parte diversificada compreenderá, segundo a modalidade da habilitação específica e conforme as possibilidades de cada instituição, duas ou mais dentre as seguintes matérias e atividades, na forma do artigo 3º:

a) Estrutura e Funcionamento do Ensino de 1º Grau
b) Estrutura e Funcionamento do Ensino de 2º Grau
c) Estrutura e Funcionamento do Ensino Superior
d) Princípios e Métodos de Orientação Educacional
e) Princípios e Métodos de Administração Escolar
f) Administração da Escola de 1º Grau
g) Princípios e Métodos de Supervisão Escolar
h) Supervisão da Escola de 1º Grau
i) Princípios e Métodos de Inspeção Escolar
j) Inspeção da Escola de 1º Grau
l) Estatística Aplicada à Educação
m) Legislação do Ensino
n) Orientação Vocacional
o) Medidas Educacionais
p) Currículos e Programas
q) Metodologia do Ensino de 1º Grau
r) Prática de Ensino na Escola de 1º Grau (Estágio)

Art. 3º – Para cada habilitação específica, serão exigidas as matérias da parte comum e mais as seguintes dentro as enumeradas no § 3º do artigo anterior:

1. Orientação Educacional – as letras *a, b, d, n* e *o*.
2. Administração Escolar, para exercício nas escolas de 1º e 2º grau – as das letras *a, b* e *l*.
3. Supervisor Escolar, para exercício nas escolas de 1º e 2º graus – as das letras *a, b, g* e *p*.
4. Inspeção Escolar, para exercício nas escolas de 1º e 2º graus – as das letras *a, b, i* e *m*.
5. Ensino das disciplinas e atividades práticas dos cursos normais – as das letras *a, q* e *r*.

6. Administração Escolar, para exercício na escola de 1º grau – as das letras *a, f* e *l.*
7. Supervisão Escolar, para exercício na escola de 1º grau – as das letras *a, h* e *p.*
8. Inspeção Escolar, para exercício na escola de 1º grau – as das letras *a, j* e *m.*

Art. 4º – O curso de Pedagogia terá como duração mínima:

a) nas hipóteses de 1 (um) a 5 (cinco) do art. 3º, duas mil e duzentas (2.200) horas de atividades, devendo ser ministrado no mínimo em 3 (três) e no máximo em 7 (sete) anos letivos.

b) nas hipóteses de 6 (seis) a 8 (oito) do art. 3º, mil e cem (1.100) horas de atividades, devendo ser ministrado no mínimo em 1,5 (um e meio) e no máximo 4 (quatro) anos letivos.

Art. 5º – Poderão também ser objeto de habilitações específicas no curso de Pedagogia, para o exercício de funções técnicas ou de assessoria, as áreas de estudos correspondentes:

a) às matérias da parte comum previstas nas letras *a, c, d* e *f* do § 1º do art. 2º,

b) às matérias e atividades previstas nas letras *a, b, c, l, m, o* e *p* do § 3º do art. 2º,

c) a outras matérias e atividades pedagógicas incluídas nos planos das instituições de ensino superior.

Parágrafo único – A validade nacional das habilitações admitidas neste artigo dependerá de que sejam os planos respectivos aprovados pelo Conselho Federal de Educação, de acordo com o disposto nos arts. 18 e 27 da Lei nº 5.540, de 28 de novembro de 1968, e no parágrafo único do art. 9º do Decreto-Lei nº 464, de 11 de fevereiro de 1969.

Art. 6º – Será sempre obrigatória, sob a forma de estágio supervisionado, a prática das atividades correspondentes às várias habilitações abrangendo pelo menos 5% (cinco por cento) da duração fixada para o curso em cada caso.

Parágrafo único – Além do estágio previsto neste artigo, exigir-se-á experiência de magistério para as habilitações em Orientação Educacional, Administração Escolar e Supervisão Escolar.

Art. 7º – O diploma do curso de Pedagogia compreenderá 1 (uma) ou 2 (duas) habilitações, da mesma ordem de duração ou de ordens diferentes, sendo lícito ao diplomado complementar estudos para obter novas habilitações.

Parágrafo único – A capacitação profissional resultante do diploma de Pedagogia incluirá:

a) exercício das atividades relativas às habilitações registradas em cada caso;
b) o exercício do magistério, no ensino normal, das disciplinas correspondentes às habilitações específicas e à parte comum do curso (§ 1º do art. 2º, letras *b* a *f*), quando este tiver duração igual ou superior a duas mil e duzentas horas, observados os limites estabelecidos para efeito de registro profissional;
c) o exercício de magistério na escola de 1º grau, na hipótese do número 5 (cinco) do artigo 3º e sempre que haja sido estudada a respectiva metodologia e prática de ensino.

Art. 8º – As habilitações pedagógicas poderão também ser obtidas:

a) ainda em nível de graduação, pelos portadores de outros diplomas de licenciatura, mediante complementação de estudos que alcancem o mínimo de mil e cem (1.100) horas;
b) em nível de mestrado, por licenciados e outros diplomados em área afins cujos estudos de graduação hajam alcançado o mínimo de duas mil e duzentas (2.200) horas.

Parágrafo único – A formação de especialistas de Planejamento Educacional incluir-se-á, obrigatoriamente, na hipótese da letra *b* deste artigo.

Art. 9º – As matérias e atividades fixadas para as habilitações pedagógicas poderão ter desenvolvimento diverso conforme os objetivos específicos, a duração e o nível de estudos em cada caso.

Art. 10 – As disposições desta Resolução serão obrigatórias a partir de 1970, podendo em casos especiais ser adotadas já no corrente ano letivo.

Art. 11 – Revogam-se as disposições em contrário.

(a) José Barreto Filho, Presidente.*

---

* BRASIL. Ministério da Educação e Cultura. Conselho Federal de Educação. *Currículos Mínimos dos Cursos Superiores*. Porto Alegre, Edições URGS, 1971, p. 18-21.

NOTA SOBRE AS AUTORAS

Claudia Mara de Almeida graduou-se em Pedagogia (1992) pela Universidade Federal do Paraná (UFPR) e especializou-se em Organização do Trabalho Pedagógico (2000) por essa mesma instituição. É também mestre em Educação (2004) pela UFPR. Atualmente é professora do curso de graduação em Pedagogia no Centro Universitário Uninter e pedagoga da Rede Municipal de Ensino de São José dos Pinhais.

Kátia Cristina Dambiski Soares graduou-se em Pedagogia (1991) pela UFPR e especializou-se em Filosofia Política (1996) e Organização do Trabalho Pedagógico (2000) por essa mesma instituição. É mestre em Educação (2003) pela UFPR e doutora em Educação (2008) pela Universidade Federal de Santa Catarina (UFSC). Atualmente é professora do curso de graduação em Pedagogia no Centro Universitário Uninter e pedagoga da Rede Municipal de Ensino de Araucária.